大展好書　好書大展
品嘗好書　冠群可期

大展好書　好書大展
品嘗好書　冠群可期

武術特輯
142

東岳太極拳

附 DVD

門惠豐　闞桂香　著

大展出版社有限公司

　　門惠豐教授身後是東岳泰山堯觀頂。最高處修建一太極台，
是21世紀第一縷曙光初現時間向世人展示太極拳的地方。

在東岳太極拳創立10周年的座談會上，原國家體委主任伍紹祖（前排左五）、武術運動管理中心主任高小軍（前排左三）與國內外東岳太極拳骨幹及新聞工作者合影。

在北京市武術協會東岳太極拳研究會成立大會上，伍紹祖、徐才等領導與北京市武術界人士合影。

　　原國家體委主任伍紹祖（前排左四）、原泰安市副市長孫承志（前排左三）等有關領導，在泰山參加修建東岳太極台揭幕儀式。

　　在泰山上舉辦的第一屆國際東岳太極拳培訓班

東岳刮起太極風

千禧之年第一天
龍騰虎躍泰山巔
東岳刮起太極風
玉皇頂上狂風捲
中華瑰寶太極拳
歷史悠久神功顯
科學健身形態美
千年萬載代代傳
中華武術太極拳
源於中國屬人間
走出中國向世界
太極風刮天地間

2000年1月1日，在原建的太極台上演練東岳太極拳。

腳下的枯草之
地，就是修建太
極台的原址。

門惠豐教授與中央
電視台攝製組成員合
影。左為導演周小力，
右一為攝影師楊林，右
二為場務小毛。

東岳太極拳

在重新修建的太極台上
演練東岳太極拳。

在泰山堯觀頂原太極
台上修建的東岳太極台。

新修建在泰山
上的太極亭。

東岳太極亭籌建
組成員合影。

開拓創新

九三叟 張文廣 二〇〇七年五月

新中國體育運動開拓者、
北京體育大學教授張文廣題詞。

至柔

為東岳太極拳一書題

蔡龍雲

上海體育學院、原國家體育總局武術運動管理中心
副主任、武術研究院副院長蔡龍雲題詞。

魏門爾俊先生大作面世

東嶽太極
推陳出新

通備 馬賢達

西安體育學院教授、
原陝西省體委副主任馬賢達題詞。

作者簡介

門惠豐

男，天津人。北京體育大學武術教授。30多年來，致力於武術教學、訓練、科研，為國家和海外培養很多武術人才。被中國武術院評為中國十大武術名教授，中國武術專家委員會成員，中國武術九段，為中華武術事業的發展做出了貢獻。1998年國務院批准發給政府特殊津貼，以資鼓勵。

闞桂香

　　女，河南省人。北京體育大學武術系教授、碩士研究生導師。擅長陳式太極拳，為國內外培養了一大批優秀武術運動員、教練員。曾赴日本、澳洲、印尼、新加坡、瑞士、臺灣等地進行講學、裁判和交流。著有陳式太極拳、劍教學與競賽等方面書籍20多部。

　　中國武術九段。

祝《東岳太極拳》
走向世界 造福人類

央視 《相逢2000年》 全球電視聯播節目總導演　梁建增

　　爲迎接2000年1月1日新千年（21世紀）的到來，世界各國都透過電視向全世界展示最能代表本民族特色的人文景觀。我們中央電視臺選擇了兩個特別有意義的地方，作爲我們來拍攝日出、迎接兩千年曙光的地點，一個是泰山，一個是三亞。

　　在泰山是彙集我們中華民族精粹文化的所在；在三亞看日出表現出我們中華民族面對大海的一種開放胸懷。

　　在泰山迎接兩千年第一個黎明的到來，我們製作的節目其中有一項，是在泰山極頂（堯觀頂）演練太極拳的場景。爲了準備這項節目，1999年底，由國家體育總局武術研究院的推薦，我們派周小力編導去北京體育大學邀請門惠豐教授、闞桂香教授，赴泰山（1999年11月28日）實施太極拳現場拍攝工作。

　　當時，借調直升飛機協助航拍；泰安市政府動員了百名民工肩挑背扛，向山上積土運石，修建太極台；門、闞二教授創編拳技，設計拍攝動作場景，約一週的時間，協作完成了在泰山極頂演練太極拳的任務。

　　在千年慶典活動中，中央電視臺《焦點訪談》增設了一個欄目「我有一個夢想」。「我有一個夢想」是一個響

亮的口號，代表著人們追求平等、追求自由、追求博愛的崇高理想。人類一起走進了兩千年。

在新的時代，人們都有一個夢想，關於自己的夢想，關於國家的夢想，關於未來的夢想。我們收集了一組來自世界不同地區、不同膚色、用不同語言講出的人們各自的「我的一個夢想」。我台又特邀門惠豐教授參與到「我有一個夢想」的節目中。

根據我台的意見，門教授代表中國一方，透過中央電視臺向世人傳遞了「我有一個夢想」的豪情壯語：「武術太極拳有幾千年的歷史，具有豐富的東方文化內涵，武術是強身健體的手段，又是源遠流長的文化，代表著中國人的精神。進入兩千年，中國武術太極拳將在世界上發揚光大，爲人類造福。」門教授向世人抒發了一位老武術工作者的心聲，又在泰山之巔展現了「東岳太極拳」的風采，對「武術源於中國，屬於世界」這一理念的發展具有深遠的歷史意義。

2000年1月1日，新千年第一縷曙光升起，中央電視臺透過國際衛星，向全世界播放了中國千年慶典活動：北京體育大學武術系教授門惠豐，在泰山堯觀頂爲全球約40億人展現了「東岳太極拳」。十年光陰如白駒過隙，如今，當年由門惠豐和闞桂香夫婦共同創編的「東岳太極拳」，已發展成完整的技術體系。欣聞《東岳太極拳》一書出版在即，我們爲兩位教授送去祝福的同時，也衷心祝願太極拳走向世界，發揚光大，爲人類造福。

美哉，壯哉，東岳太極

徐才

登泰山，觀日出，是東岳的一大景觀，也是千萬登山者健康人生的一大樂趣。去年元旦，在泰山又增加了登泰山、演太極、迎日出的景觀，使這個被聯合國教科文組織授予世界自然和人文遺產稱號的泰山又添上了象徵人類美好健康未來的一道新風景線。

在21世紀開元的鐘聲響過後，《東岳太極拳劍》一書面世，這是件令人振奮的喜事。我向東岳太極拳劍的創編人門惠豐、闞桂香兩位教授表示熱烈的祝賀和誠摯的謝意！

東岳泰山是中國五大名山之冠。它那巍峨的自然雄姿和深厚的人文內涵，給所有登山者以目不暇接的視覺感受和意境深邃的思想感染。如今又有太極拳傳人登高山、望寰宇、展風采，實是人間世界視野最開闊、情緒最舒暢的生存空間。

中國古籍《周易·繫辭》中「易有太極，是生兩儀」的「太極」，是說它是派生萬物的本源。後來的文人學者，諸如北宋的周敦頤、邵雍、張載和南宋的朱熹以及明代的王廷相，對太極都有所演繹和解釋。至近代孫中山先生曾用太極來翻譯源自古希臘的哲學用語「乙太」。孫中山認為「乙太」（太極）是物質世界的根源。由此可見，

17

前人把太極看做是至高、至極。

　　有人說太極拳是哲拳，的確它蘊含著豐富的哲理，是極好的健身修性運動。我們今天習練太極拳、劍是本著現代人體科學的原理，進行高層次、高境界的養生修煉。我堅信在新世紀的資訊社會、網路時代，基因革命到來之時，太極拳是人類延年益壽、呼喚未來的強體健身修性的法寶。

　　登泰山之巔，展太極風采，美哉，壯哉！

2001 年 1 月 12 日於北京

序

　　《東岳太極拳》一書創編完成並正式出版發行，是太極拳發展史上的一件喜事，是對太極拳文化寶庫的一大貢獻。受門惠豐教授之邀，爲他和老伴闞桂香教授共同創編的《東岳太極拳》一書作序，這對於我來講是一件十分榮幸的事。門惠豐、闞桂香二位教授是從教數十年的資深武學專家，爲武術的教育事業做出了重要貢獻。

　　門惠豐教授作爲國家武術研究院專家委員會委員，在傳承和弘揚中華民族武術文化的事業中發揮著重要的作用，他們都是我非常敬重的師長。

　　東岳太極拳誕生於千禧之年元旦晨曦的泰山之巔。在人類迎來 21 世紀第一縷曙光的時候，爲世界獻上了一份源自於中國的傳統文化厚禮——東岳太極拳。

　　我對東岳太極拳的瞭解是從參加東岳太極拳誕生十周年紀念活動開始的。2010年初，門惠豐和闞桂香二位老師專程登門向我詳細介紹了東岳太極拳產生的由來，繪聲繪色地描述了創編過程的艱辛和那載入史冊的場景。那天，全世界有120多個國家和地區的近40億人收看電視直播，門惠豐教授在現場接受採訪時說：

　　「武術太極拳有上千年的歷史，具有豐富的東方文化內涵，有很多外國人到中國來學習眞正的中國功夫。武術是強身健體的手段，又是源遠流長的文化，代表著中國人

的精神。我有一個夢想：2000年以後，武術太極拳在世界上得到發揚光大，爲人類造福。」

這番話不僅吐露了武術人的心聲，也向世界展示了博大的胸懷。

十多年來，門惠豐、闞桂香二位教授對東岳太極拳始終堅持不懈的系統研究，已經日臻完善。第一套東岳太極拳問世後，又創編了第二套並定名爲東岳太極競賽套路。在拳的基礎上連續創編出東岳太極劍、槍、棒、刀等多種器械的獨立技術體系。從2001年開始，每年舉辦一次培訓班，已有十幾個省區市成立了「東岳太極拳研究會」，十多個國家和地區成立了「東岳太極拳協會」或總會。

東岳太極拳是武術太極拳大家族中的一顆新星。在創編過程中，門惠豐教授、闞桂香教授綜合了數十年來對多個傳統拳種研習的經驗體會，在傳統太極拳主要流派中精選出典型動作和精髓要領，集中體現在東岳太極拳的技理之中。突出了以功帶法、圓轉運動等健身理念和動作創新，由傳統的單一器械拓展爲多種器械，由過去的只能單手器械鍛鍊拓展到雙手的器械鍛鍊方法，既有單練又有對練。他們研製的多功能三節槍實現了一槍多用，攜帶方便，有較大的推廣應用價值。東岳太極拳展示了「合而異同、創新包容、式正招圓」的特點。

太極拳是中華武術文化和運動形式當中的一部分。隨著時代變遷、文化發展和社會進步，武術太極拳日益完善，深受國內外廣大群眾的喜愛。有資料顯示，目前已有150多個國家和地區開展太極拳活動，有70多個國家和地區建立了太極拳組織，習練人數超過1.5億，被譽爲「世

界第一運動」。

太極拳是一個具有悠久歷史的大家族。太極拳運動既包含了內外兼修、天人合一、剛柔相濟、攻防兼備等共性，也包含著不同拳種在技理方法方面的許多個性。我們應該重視並處理好繼承與發展、傳統與創新、整體與個體、共性與個性等之間的關係，用「大武術觀」的理念指導我們的實踐，以博大的「包容心」和共同的「價值觀」建立起遠大的理想。

「大武術觀」宣導的是百花齊放、百家爭鳴的發展方針，堅持的是民族精神、世界眼光的信念，遵循的是厚德載物、和諧歸一的目標。東岳太極拳表現出的博採眾家之長、勇於創新的精神，對「大武術觀」的內涵給予了具體的詮釋，是我們學習的榜樣！

我們相信，《東岳太極拳》一書的問世，一定會給武術太極拳的發展帶來新的活力，爲人類健康快樂的生活送去福音。

國家體育總局武術運動管理中心主任
中國武術協會主席　高小軍
國家武術研究院院長
2011年4月12日於北京

前　言

東岳太極拳創始於山東泰山。2000年1月1日，天籟進入21世紀，普天同慶。我國慶典活動中有一項，是在五嶽之首的泰山極頂演練太極拳的場景，由中央電視臺航拍，透過國際衛星向全世界轉播，150個國家40億人收看。當時我們應邀赴泰山參加了太極拳的創編演練工作。這一歷史壯舉前所未有，確是中華武術一大幸事。

事後《中華武術》特刊以醒目的大幅標題《請記住，2000年1月1日，泰山刮起太極風》給予及時的報導；人民體育出版社專門約稿，將在泰山演練的太極拳進行整理，又以拳爲母創編了太極劍，於2001年5月合編出版了《東岳太極拳‧劍》一書。

透過電視轉播，出刊發行，開班培訓，東岳太極拳、劍在國內外普及推廣，深受廣大太極拳愛好者喜歡，得到武術太極拳界領導、同好的認同。深感東岳太極拳的誕生是歷史的機遇，是新時代的產物，應不斷開拓創新，有所發明，有所前進，有所發展。

東岳太極拳創始十年來教學推廣實踐的過程中，在繼承的基礎上兼收並蓄、和而異同、創新包容，吸收了傳統太極拳主要流派的風格特徵和典型技術動作，融會了其他武術門派的經典動作和練法，結合從事武術教學科研、訓練的成果，完成了東岳太極拳技術體系，同時東岳太極拳

的技術理論體系也日漸完善，豐富了太極拳習練內容，拓展了太極拳技術領域。

這次出版的《東岳太極拳》一書共分七個部分，在「太極拳技理分析及訓練」一章中，著重敍述了太極拳的風格特點、基本技術以及基本功、基本動作和套路的訓練方法。技理簡明扼要，使太極拳練習者便於掌握技術途徑。在拳、械諸章中，都分別設有簡介、技法、禮儀、套路等章節，技法翔實，理法清晰，強調尚武崇德，強化民族文化內涵。

在推手篇中，表明了太極推手的理念，使之成爲一種文雅、端莊、不受皮肉之苦的觸覺對抗項目。本書還附有DVD教學光碟，分別進行重點講解、演示。

本書出版得到了武術有關領導、人民體育出版社及同人好友的鼎力支持，學生和家人給予大力協助，在此一併致謝。書中難免有錯，敬請批評指正。

門惠豐　闞桂香

目　錄

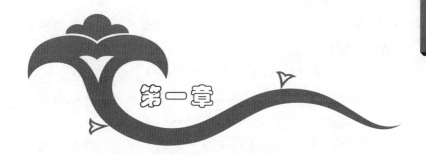

第一章

太極拳技理分析及訓練

第一節　太極拳命名的由來

「太極」中的「太」是形容大；「極」是開始或頂點的意思。

「太極」二字，最初見於《周易》一書。在「易經」裡，把天地稱為「太極」（或稱「太初」「太一」等）。宋朝周敦頤畫了一幅太極圖，用以解釋宇宙、自然發展規律及其變化。

太極拳的每一個動作都是圓形的，恰似太極圖的一環套一環。在這些環形動作中，含蓄了很多變化，如虛實、動靜、剛柔、進退等。

太極拳要求動中求靜，靜中求動，用意不用力，虛中有實，實中有虛，變化莫測；太極拳的動作自起勢到收勢，一勢連一勢，毫無斷續之處，好像一個完整的圓圈，找不到頭尾。前人把這種圓運動方式的拳術，稱為太極拳。

《周易‧繫辭中》說：「易有太極，是生兩儀，兩儀生四象，四象生八卦。」也就是說，兩儀、四象、八卦都是由太極而生的。

太極是一切事物變化的原動力，兩儀、四象、八卦的動，都是由太極的動而引起的。

由此，練太極拳的人也將自身看成是一小天地，也有一太極，即把腹部比為太極，兩腰為兩儀，兩手臂和兩腿

為四象，兩手臂和兩腿各有兩節，分為八卦。

宇宙變化的原動力在於太極，人身的原動力也在於太極（腹部）。所以，太極拳的動作，並不是手腳的外形部分動作，而是由腹部發動、由內及外的全身動作。拳論曰：「一動無有不動。」即腹部（太極）一動，周身俱動。也就是說，太極拳的動作，皆是來自腹部（太極）。

太極拳中的意守丹田、氣沉丹田、丹田內轉、丹田鼓蕩等，都是在意識指導下，結合氣息的腹部運動。

腹部又是太極拳運動的身體重心所在，因此，太極拳運動是維持身體重心垂線不超出支撐面，以腹部為中心發動的左右兩腰的抽換旋轉，帶動四肢虛實變換、重心平移的自身運動。

第二節　太極拳的風格特點

太極拳是綜合了歷代各家拳法，結合了古代的導引術和吐納術，吸取了古典哲學和傳統的中醫理論而形成的一種內外兼練、柔和、緩慢、輕靈的拳術。它以掤、捋、擠、按、採、挒、肘、靠、進、退、顧、盼、定為基本技法，故名十三勢。其動作輕柔圓和，處處帶有弧形，運動綿綿不斷，勢勢相承。

太極拳的特點主要有以下幾點：

一、輕鬆柔和

太極拳動作以柔緩為主，架勢平穩舒展，動作要求不僵不拘，運動輕靈沉穩，外柔內實，出汗而不氣喘，給人以輕鬆愉快之感。

由於太極拳具有這個特點，所以，不同年齡、性別和體質的人都可以從事太極拳運動。

二、連貫均勻

整套太極拳動作從起勢到收勢，不論動作的虛實變化和姿勢的過渡轉換都是緊密銜接、連貫一氣的，沒有停頓，動作似行雲流水，綿綿不斷。

採用發勁動作時，速度可以有所變化，但仍須前後連貫銜接和順，周身完整。

這種有節奏的連貫運動具有引人入勝的趣味，而這種連貫不斷的練法，只有在精神集中的情況下才能做到，對大腦的機能也起到良好的鍛鍊。

三、圓活自然

太極拳是「曲中求直」的運動，動作順逆直橫，起落旋轉要走弧形，避免直來直往。由於動作的前後連貫，弧形往返相接，自然就成為圓形動作了。

另外，運動中肢體又處於微曲狀態，所以，圓形動作

可更好地體現太極拳柔和的特點。

同時，綿綿曲折的圓形動作能使肌肉、骨骼和韌帶同時得到適當而均勻的活動，對氣血流轉、暢通經絡、增強體力起著重要作用。

四、協調完整

太極拳是練意、練氣、練身的運動。在運動中，不論是整個套路，還是單個動作姿勢，都要求上下相隨，內（意念、呼吸）、外（軀幹、四肢動作）一體，身體各個部分之間密切配合，以腰為軸帶動四肢，周身完整一氣，達到所謂「一動無有不動，一靜無有不靜」。

協調完整的動作可使全身各部分在每一個動作中都能得到同時運動的機會，動作的完整性能促進腹呼吸的鼓蕩作用，從而周身內外同時得到鍛鍊。

五、剛柔相濟

太極拳的整套動作都是由虛實、動靜、剛柔相互轉換而形成的整體運動。

在運動中，要使身體「輕沉兼備，剛柔內含」，極輕靈又極穩重，極柔軟又極堅剛。

發勁時，要發於腰部、腿部，達於兩手，抖擻而有彈性，做到剛中寓柔、剛柔相濟。

第三節　太極拳基本技術分析

一、基本姿勢

練習太極拳應該先重形後重意，力求姿勢正確，並在連貫複雜的動作中處處保持正確的姿勢，先求做到「形似」，然後向「神似」方面下工夫。只有遵循一定的規格要求，使身體各部分的姿勢在整體動作中形成動力定型，所謂的「明規矩而守規矩」，才能「脫規矩而合規矩」，達到技術的規範化、自動化。

太極拳對身體姿勢的要求，概括起來有以下幾點：

1. 虛領頂勁

虛領頂勁即「頂頭懸」。太極拳練習時很講究頭部的端正，頂平，項直，頦收。要求頭頂的百會穴處要向上輕輕頂起，好像有根繩兒將頭頂向上提懸似的，同時又須保持頭頂的平正，在運動時即使頭頂上放一碗水也不能使它灑出似的。

要使頭正、頂平，就必須頸項豎直，下頦裡收。過分的向上頂勁，緊收下頦，會導致頸項的僵硬，動作便失去靈活。所以，頂勁不可過分用力，要有自然虛領之意，做到虛領頂勁，精神才提得起來，動作才能沉穩紮實。

2. 含胸拔背

含胸是胸部略向內含虛，使胸部有舒寬的感覺，這樣有利於做好腹部助呼吸，能在肩鎖關節放鬆、兩肩微合、兩肋微斂的姿勢下，由動作使胸腔上下徑放長，橫膈有下降舒展的機會，既能使重心下降，又能使肺臟活動和橫膈活動加強。

拔背與含胸是相互聯繫的，要含胸就勢必拔背。拔背是在胸略向內涵虛時背部肌肉向下鬆沉，兩肩中間頸下第三脊骨鼓起上提並略向後上方拉起，這樣，背部肌肉就會有一定的張力和彈力，皮膚有繃緊的感覺。

凡是運用化勁的手法，都離不開含胸的輔助，而拔背則是為了有利於發放勁。

3. 鬆腰斂臀

太極拳要求含胸，又要求沉氣，因此，在含胸時就必須鬆腰。腰部鬆沉，整個背部向外略呈淺度弧形，這樣會使坐身或蹲身的姿勢更加穩健。鬆腰不僅幫助沉氣和保證下肢的穩定性，更主要的是它對動作的進退旋轉、用軀幹帶動四肢的活動及動作的完整性起著主導作用。

斂臀是在含胸拔背和鬆腰的基礎上使臀部稍作內收。斂臀的主要作用是在「氣沉丹田」的要求下能使腹部充實團聚。斂臀時，可儘量放鬆臀部和腰部肌肉，使臀肌向外下方舒展，然後輕輕向前、向內收斂，像用臀部把小腹托起來似的。

4. 圓襠鬆胯

襠即會陰部分。頭頂百會穴的「虛領頂勁」要與會陰穴上下相應，這是保持身法端正、氣血上下貫通的鍛鍊方法。襠要圓，又要實。兩胯撐開，兩膝微向裡合，襠自然能圓。會陰處虛虛上提，襠自然會實，加上腰的鬆沉、臀的收斂，自然有一股襠勁產生出來。有了襠勁，下肢更加有力，從而樁步更加穩固。

太極拳講究「邁步如貓行」，要求步法輕靈穩健，兩腿彎曲輪換支持著身體進行活動，因此，髖關節必須放鬆，膝關節必須靈活，才能保證上體旋轉自如，踢腿、換步靈便。

5. 沉肩墜肘

太極拳在鬆肩的前提下要求沉肩墜肘，使肩肘向下沉墜，這時兩臂由於肩、肘的沉墜，會有一種沉重的內勁的感覺，這就是上肢內在的遒勁。這種遒勁，外似軟綿，內實剛健，猶如「綿裡裹針」。

兩肩除沉之外，還要有一些微微向前合抱的意思，這樣能使胸部完全涵虛，使脊背成圓形。兩肘下墜之外，也要有一些微微向裡的裹勁，這樣的沉肩墜肘，才能使勁力貫穿到上肢手臂。

6. 舒指坐腕

舒指是將掌指自然伸展，坐腕就是將腕關節向手背虎口的一側自然屈起。比如前推掌伸出，在沒有前伸時，掌

心微呈窩形，蓄而不張，這時是虛掌；在前伸過程中逐漸舒展，是由虛而實；到達推掌的終點時，掌指自然伸展開來，掌腕自然屈起向下坐，掌根微微含勁向前凸出，使由腰脊而發的勁力由沉肩、墜肘、舒指、坐腕、凸掌而貫穿到掌指，這時是實掌。

掌的動作是整體動作的一部分，許多掌法都是和整個身體的動作連成一氣的，因而所謂舒指坐腕，實際上是將周身勁力由「其根在腳，發於腿，主宰於腰，形於手指」，節節貫穿順達完整一氣的。

7. 尾閭中正

尾閭中正，是關係身軀、動作姿勢「中正安舒」「支撐八面」的準星。尾閭不正，身體必斜，動作姿勢必會歪扭，偏離中心。因此太極拳運動極為重視尾閭的中正，不論是直的動作姿勢，或是斜的動作姿勢，都必須保持尾閭與脊椎成直線，處於中正狀態。

更重要的是，尾閭中正還影響著下盤的穩固，尾閭一歪，下盤重心偏斜，使下盤的勁力與軀幹的勁力間斷，上下勁不整，尾閭一歪，失去重心，下盤也就不穩固了。

二、基本技法

太極拳運動是維持身體重心垂線不超出支撐面，以腹部為中心發動的左右兩腰的抽換、旋轉，帶動四肢虛實變換，重心平移的運動。在訓練中，除端正身體姿勢外，還要特別注意運動方法，才能體現太極拳的獨特風格特點，

更快地提高技術水準。

　　意識、呼吸、動作三者的密切配合、全身內外的協調動作，構成了太極拳鍛鍊方法上的整體性和內外統一性。在外的方面是身、步、手，在內的方面是意、氣、力。

　　眼是內外傳遞資訊的關鍵，配合動作的眼神運用，對於練拳時用意識指導動作，使動作顯得精神貫注、生氣勃勃，維持動作平穩是有其特殊作用的。因而，眼法也是太極拳運動的一個重要部分。

1. 身　法

　　太極拳的身法，主要為「立身須中正安舒，支撐八面」；處處不使身體各部散漫失中，要表現出中正、端莊、舒展、大方、和順的形象，前進、後退、左旋右轉時，四肢動作不論如何轉換，自頭頂、軀幹至會陰，始終須形成一條垂直線。

　　凡是身向前俯、後仰、左歪右斜、重心失去平衡的，都是身法上的缺點。兩肩與兩胯、兩乳與兩肚角的上下對齊、齊進齊退、不先不後，是做到身法「上下相隨」「上下一條線」的關鍵。

　　練拳不能沒有伸縮，身法有時也要歪斜，有時彎腰幅度極大（比如吳式），但要保持「百會、中極、一氣貫通」的原則，這就是所謂的「中正之偏」，或稱為「斜中正」。

　　太極拳身法的輕靈、空鬆、圓活，全憑腰、胯、胸部的運轉，使得在任何角度上都能保持全身的平衡。身法的中正，「尾閭中正」起著關鍵作用。重視了身法端正，但如果沒有「含胸拔背」的配合，胸部就會直僵僵地得不到

運動，而「含胸拔背」又需要「沉肩墜肘」的幫助，否則會養成傴背的病態姿勢，與立身中正的原則不符。所以，正確的身體姿勢是使身法中正安舒、輕靈圓活、沉著穩重的前提。

太極拳運動的總虛實在於腰腎的轉換，腰腎轉換的樞紐在於腰脊命門穴。腰脊一轉而周身全動，纏繞運轉無不順遂，內外合一而主從不亂，從而貫穿協調。

2. 步　法

步型的移動轉換稱做步法。步法是平衡和支撐全身的根基，它決定著動作的靈活和遲滯。太極拳對步法的要求是：進退轉換、虛實分明；左虛則右實，左實則右虛；前進後退時，身腰隨著轉換，邁步要輕靈，不可重滯；落步要穩健，不可搖擺、顫動或笨重。

太極拳的步法和手法同樣地須走弧形、畫圓圈，絕無直來直往、直上直下的動作，腿部的動作須和手臂的動作同時協調進行，只有「手隨足運，足隨手運」，才符合「上下相隨」的原則。

邁步時先須將一側的胯根微內收，這一側的腹部充實，坐穩在一腿，穩定重心，然後另一腿緩緩地弧形邁出，膝關節須微屈，保持膝關節的蓄勢和靈活性。

落腳的方向、角度和轉換時腳尖的外撇、內扣，或腳跟的左旋右轉，其主次先後都須辨別清楚，虛實主次，條理分明。兩腳雖然虛實分明，但應該虛中有實，實中有虛，「虛非全然無力，實非全然站煞」。只有虛實相互滲透，才能變化靈活。

凡前進的腿，必須先提大腿，蓄勁於膝，帶起小腿提腳跟，腳尖斜向下垂，再由屈而伸，緩慢踏出，腳尖由下垂漸變為上翹，腳跟先落地，然後是腳掌和腳尖落地，全腳落實。雲手的側行步或跟步則須先落腳尖，然後腳掌、腳跟落地，全腳落實。後退的腿必須先提大腿，蓄勁於膝，帶起腳跟，腳尖斜向下垂，再緩緩腳後伸，先落腳尖或腳掌，然後全腳落實。

　　太極拳步法的虛實變換，是漸變的而不是突變的，而且，不論前行或後退，前後腳不應站在一條直線上，這樣在動勢或停勢時站得穩當。

　　凡需加大運動量者，上下肢轉動需貫勁，「源動腰脊，勁貫四梢」。下肢貫勁之法，骶骨要有力下沉，帶脈極為充實，屈膝開胯圓襠，臀部之力要貫到腳跟，由於軀幹和上肢的重量下壓，膝關節更加堅固有力。雙腳沉實踏地（兩腿前後開立時，前腳大趾著力，後腳小趾著力），重心平移在兩腳支撐面之中。兩腳的虛實變換全在隨勢由腰襠的變換來移動兩腳的虛實比例，這樣，下盤就能在任何變動中保持平衡、穩固。

3. 手　法

　　手臂須鬆柔圓和，剛柔相濟，忌僵忌滯。動作螺旋式地旋轉，做大小不等的弧形或環形，橫直順遞，起落側縮。應走弧線，使關節圓轉如意。要求「沉肩墜肘」，把肩、肘關節放鬆，只有這樣，手臂動作才能靈活圓轉，不僵不滯。動勢時要以手領肘，以肘領肩；停勢前以肩催肘，以肘催手；輕輕運動手臂，微微有膨脹延展的意思，

始終貫注於兩臂之中，「膀隨腕轉」「腕隨掌轉」，處處成圓，即所謂「上下一條線，全憑兩手轉」。

凡需加大運動量者上下肢都須貫勁。上肢的以意貫勁，須敷滿於全部手臂，而勁點則隨動作的技法作用而隨時變換，沉肩墜肘，內勁貫足，沉著、鬆靜兼而有之。兩肩切不可貫勁，兩肩鬆沉，手臂才能靈活無滯。這樣，用功日久，手臂自然就會產生沉重的感覺，沉重中帶有輕靈，輕靈中帶有沉重，輕靈而不飄浮，沉重而不僵滯。

腕關節要圓活，手指應鬆柔微屈，前推時掌根微微著力，意貫指尖，指肚微微著力。手和腕必須圓轉、輕靈、沉著，才符合「全憑兩手轉」的練法。

4. 眼　法

練拳時，首先從眼法上來判斷他的精神是否貫注。俗話說「神聚於眼」、「眼為心之苗」。在運動過程中，眼法要隨著主要的手的動作而向前下沉。凡動作變化，首先用意識指導內部（內臟）向預定前去的方向做好安排，眼神先向預定的方向前視，然後身法、手法、步法跟上去，即所謂「一轉眼則周身全動」。

要做到意到、眼到、身到、手到、步到，諸動一齊俱動，諸到一齊俱到，「形神合一」。眼神不靈動、定式時目光不嚴正地前視，則意無所專注，勁不能充足，神不能團聚，練起來必然毫無生氣。

目光要經由前手食指尖或中指尖前視，意貫指尖、指肚著力。眼神須照顧上下兩旁，表現出大方、嚴肅、沉靜的神氣。

5.意　念

意念引導動作是太極拳最重要的技法原則。練習太極拳的全部過程，要求用意念引導動作，要心神專一，把注意力貫注到動作中去。如做「起勢」兩臂徐徐前舉的動作，不是隨便地把兩臂抬起來，要首先想著兩臂前平舉動作，隨之慢慢地把兩臂抬起來；做兩手向前按出的動作，首先要有向前推按的想像。意不停，動作亦隨之不停，就好像用一條線把各個動作貫穿起來一樣。

總之，練習太極拳從「起勢」到「收勢」，所有動作都要注意用意識去支配，所謂「神為主帥」「身為驅使」「意動身隨」，就是這個意思。為了做到用意識引導動作，必須注意以下兩點。

（1）安靜

練拳時從準備姿勢開始，首先要從心理上安靜下來，不再思考別的問題，然後按動作的要求檢查，頭是否正直，軀幹和手臂是否放鬆了，呼吸是否自然通暢，當這些都合乎要求時才做以後的動作。這是練拳前一個要緊的準備功夫。這種安靜的心情，應貫徹到練習拳套的全部動作中去。練拳時，無論動作簡單或複雜，姿勢高或低，心理上始終要保持安靜狀態，這樣才能保持意識集中，精神貫注到每個細小的動作中去，否則就會造成手腳錯亂、快慢無序或打錯了動作的問題。

打太極拳要求「以靜禦動」「雖動猶靜」，如能做到這些，就不會引起神經過分緊張而導致過度疲勞。

（2）要集中注意力

在心理安靜的前提下，還要把注意力放在引導動作和考慮要領上，專心致志地練拳。練習日久，就可意動心隨，手到勁發，想像力自然地與肢體活動密切配合。

6. 呼　吸

太極拳動作輕鬆柔和，沉著靈活，要求用深、長、細、勻的腹式呼吸與之自然配合。同時，要求氣沉丹田，即「意注丹田」，用意識引導呼吸，將氣徐徐深送到腹部臍下，這樣才能達到太極拳要求的「身動、心靜、氣斂、神舒」的境地。

呼吸與動作的配合，要根據動作的開合、屈伸、起落、進退、虛實等變化自然地去配合。一般來說，呼吸總是與胸廓的張縮、肩胛的活動自然結合著。比如，胸廓舒展時要吸氣，胸廓收縮時就要呼氣；身體上起時要吸氣，身體下蹲時就要呼氣；手臂上舉時要吸氣，手臂下落時就要呼氣。在一個動作裡面，往往就伴隨著一呼一吸，而不是一個動作固定為一呼或是一吸，這種與動作自然配合的呼吸方法，完全合乎生理的要求，運用得當，可以使動作更加協調、圓活、輕靈、沉穩。

待動作熟練之後，再隨著速度的快慢和動作幅度的大小，按照起吸落呼、開吸合呼的要求，使動作與呼吸自然配合。動作到盡頭定勢或發力時，是配合「呼吸」。

7. 勁　力

太極拳要求「用意不用力」，動作避免使用僵勁拙

力，它所用的力，是維持姿勢的正確與穩定的自然的力，有時也稱它為規矩的力，還有的稱它為「勁」。

兩臂該圓的，就必須做到圓滿，腿該屈的，就必須屈到所要求的程度。除按照要求所用的力量之外，其他部位的肌肉要儘量放鬆，身體各關節都舒展開，避免緊張，力求圓法，然後在意識的引導和貫注下，使動作和順協調，屈伸旋轉自如，這樣透過訓練，就可產生出一種既輕靈又沉著的富於彈性和韌性的力量，這就是所謂的「內勁」「用意不用拙力」。再由虛實的變換，輕靈與沉著交互鍛鍊，使全身各部分富於彈性和韌性，手臂極為綿軟而又極為沉重，全身極為輕靈而又極為穩重，穩重中又極為輕靈。那種沒有拳意的要求放鬆，是一種誤導。

第四節 太極拳的技術訓練

太極拳運動在訓練中要求內外結合和動靜結合。內外結合，就是外求形體動作的準確與完整，內求意識指導動作和呼吸的配合，進而達到手眼身法步和心志意氣的內外統一。動靜結合，就是靜止性的定式練習和活動性的動作練習相結合，如各種站樁、動作定式練習與步型轉換、動作組合相結合等。尤其是進行完整的技術動作訓練時，一定要「動中有靜，靜中有動」，這樣才能有效地提高太極拳所需要的專項素質和形成正確的動力定型，從而提高套路運動的技術水準。內外結合、動靜結合的要求要貫徹訓

練的全過程。

太極拳的訓練內容包括基本功、基本動作和套路技術訓練。其目的是增進習練者健康，促進習練者身心的發展，掌握太極拳需要的各種活動技能，並在此基礎上不斷提高太極拳的技術水準。

一、基本功訓練

太極拳的基本功訓練是掌握和提高太極拳技術的基礎訓練，是端正身體基本姿勢、提高身心專項素質、壯內健外的根本訓練環節。借鑒前人經驗和根據長期教學訓練實踐的體會，選定了「太極樁」「開合樁」「升降樁」「虛步樁」「行功」等作為太極拳的基本功練習。

基本功包含了太極十三勢中的進、退、顧、盼、定。動靜結合，以靜為主，經由基本功的練習，使意、氣、力三者統一，達到內外合一，提高專項素質，從而使動作既沉穩又輕靈，既剛健又柔和，達到柔中寓剛，綿裡藏針，使周身圓滿完整，端正安舒，支撐八面，沉實有力，為學好太極拳動作套路、提高技術水準奠定堅實基礎。

二、基本動作訓練

基本動作就是代表太極拳的風格、特點，具有普遍性、規律性的典型動作，是該拳整個套路技術的核心動作。在教學訓練的實踐中，我們選定「倒捲肱」「雲手」「野馬分鬃」「金雞獨立」「摟膝拗步」「捋擠勢」「蹬

腳」「攬雀尾」等典型動作作為太極拳的基本動作，進行反覆練習，以外引內，以內導外，內外結合，使基本功訓練獲得的素質和體能通過太極拳技法理論的指導，提高基本動作品質，使之規範化。透過基本動作的訓練，使習練者牢固掌握太極拳基本技術規律，從而提高套路技術水準。

進行基本套路訓練，每個動作先原地左右重複練習，進而在行進間左右反覆練習（基本動作圖文略）。

三、套路訓練

太極拳技術水準的高低，是由套路演練表現的。太極拳套路主要是由基本動作組合而成。基本動作訓練中所獲得的技術水準，往往直接影響著套路的成績，但是套路又不等於單純的單個動作的總和。

套路要求動作與動作之間要有貫穿一氣的練習，要綿綿不斷，勢勢相承。為此，在強調單個動作訓練的同時，還必須注重套路的反覆訓練，所謂「拳打千遍，身法自然」就是這個道理。

1. 套路訓練的基本要領

在套路技術訓練中，靜、鬆、靈、活、守是最基本的技術要領，應該貫穿套路訓練的始終。

（1）「靜」

在練拳時，心理上儘量排除一切雜念，排除外界干擾，視而不見，聽而不聞，無思無慮，專心練拳，使精神

貫注在每個細小的動作中，做到「意到身隨」，這樣心靜、用意引導動作的練拳方法，可以調節大腦皮質和中樞神經系統機能，增強身體其他各器官的功能。

用意引導動作，還能調節呼吸，使意識、動作和呼吸三者緊密結合，達到全身上下、內外全面鍛鍊的效果。

（2）「鬆」

在練拳中，全身肌肉和關節、韌帶都應處於自然舒展的狀態，使其不受任何拘束和壓迫。用力部位與不用力部位要保持自然開展狀態，嚴格按照動作規格要求，力求做到姿勢正確，進退穩健。總之，在整個練習過程中，要防止肌肉僵硬造作的拙力。

「鬆」是完成姿勢正確、全身協調、動作舒展、轉換圓活的基礎和保證。

（3）「靈」

練拳時，本體感覺要靈敏，對極其微弱的刺激能作出迅速的反應。因此，如身體姿勢、重心或動作要領稍有不當，很快就能領悟，並及時自我糾正。

太極拳動作越輕，用力越小，其敏感性越強，只有當太極拳套路動作相當熟練時，才能向「用意不用力」「一舉動，周身俱要輕靈」方向追求，使動作內外協調順遂，有輕靈圓活之趣。由於太極拳的動作輕柔、圓活，並有節奏，所以能使周身氣血暢通流注和本體感覺的靈敏反應。

（4）「活」

是指太極拳動作要連貫、圓活、協調、富於變化。動作要以腰為主宰，以腰背帶動四肢，全身上下都在和諧地進行著或小或大、或明或暗、由內及外的圓弧運動。

在拳勢動作中，上下肢始終都要保持自然彎曲狀態，運行路線也都按不同的曲線反覆變轉，動作姿勢似展非展，曲中求直。

總之，在動作規格正確的基礎上，各肢體環節都要做到圓轉自如、輕靈順遂。

（5）「守」

就是意守丹田（腹部），穩定重心。在練拳時，四肢動作無論怎樣伸縮轉換，身體都要按照太極拳的基本姿勢要求，做到中正不偏、上下一條線，也就是用意使脊柱節節鬆沉，虛虛對準，保持垂直狀態，意守丹田（腹部）氣下沉，虛胸實腹，使重心垂線在支撐面內，身體處於平衡穩定狀態。

運動實踐證明，太極拳運動無論動作姿勢和內外虛實如何變化，在完成動作的過程中，都要掌握身體重心的變化規律，這是掌握太極拳運動及提高技術水準的關鍵。

總之，鬆、靜、靈、活、守是掌握和提高太極拳技術水準貫徹始終的主要技術要領，也是突出體現太極拳運動風格特點的技術關鍵。它們之間是相輔相成的，而意守丹田、穩定重心，又是太極拳自身運動諸因素的主要因素。

2.太極拳套路訓練的階段

太極拳的套路訓練大致可分為三個階段，即所謂的三步功夫。

第一階段應該在姿勢上、動作上打好基礎，由單式、動作組合練習，要把全套動作中的手型、手法、步型、步法、身型、身法以及腿法、眼法等基本技術要領弄清楚，

做到姿勢正確舒展，動作穩定柔和，符合規格要求。

　　第二階段，透過分段、整套練習，使套路動作熟練，達到自動化程度。這時要注意掌握動作變化規律和運動特點，做到連貫圓活、上下相隨、協調自然。

　　第三階段，在前兩個階段的基礎上要著重勁力的運用和意念，呼吸與動作相結合，做到輕靈沉著、剛柔相濟、意氣力內外合一。

　　現將各階段要點簡述如下。

第一階段：

在動作規格正確的基礎上，應注意以下幾點。

　（1）端　正

　　打太極拳首先要保持身體中正安舒，姿勢正確，在懸頂豎項、沉肩墜肘、鬆腰斂臀等要領中，特別要注意腰脊中正，兩肩、兩胯放鬆放平，以保持上體的自然正直。

　　身體其他部位的姿勢也要認真按動作要求做到，忽視任何一個部位的要領，都會牽連到其他部位的姿勢變形，如臀部外凸、腰部僵硬、胸部前挺、腹肌緊張，造成錯誤動作定型。

　（2）穩　定

　　要使上體端正舒展，須首先保持下肢穩定。步型、步法是整個姿勢的基礎，如果步子過小、過大、過寬或腳的位置、角度不對，變換動作時虛實不清，勢必造成身體重心不穩，因此必須首先把步型、步法的要求弄清楚，可以透過基本功訓練和單練站樁和步法，恰當掌握身體重心變換的時機。還可根據具體情況，運用各種腿法（蹬腿、分腿、踢腿）和增進腰部柔韌性的練習，也能增強下肢力

量，有利於提高動作的穩定性。總之，由整個套路動作步型、步法的變換來擴大支撐面。虛實分清，使動作重心在支撐面內平動，不致失去平衡。

（3）舒　鬆

為了較快地掌握太極拳輕緩柔和的運動特點，注意動作要慢、要柔，用力要小、要勻，這樣易於使動作準確，速度均勻，消除拙勁。

第二階段：

在套路動作正確的基礎上，應著重掌握太極拳的動作規律，體現太極拳的運動特點，要注意以下幾點。

（1）連　貫

在姿勢動作達到規範化的程度之後，姿勢與姿勢之間的承接，即稱連貫。各個姿勢動作要前後銜接，一氣呵成，好像行雲流水一樣。比如「攬雀尾」，是由掤、捋、擠、按四個分動組合成的，練習時，就要把四個分動銜接起來。

動作之間仍要保持一定的節奏感（即在一個分動作完成後，微微一沉），不許有停頓斷續之處。「攬雀尾」動作全部完成之後，在連接下一個動作時也是如此。

（2）協　調

練習太極拳是全身活動，要求上下相隨，「一動無有不動」，由腳而腿而腰，「總需完整一氣」。全身各部位的運動須保持協調一致。比如做「雲手」，腰脊轉動，帶動兩臂在空間畫圈，兩掌順著臂部運動不斷地內外翻轉，兩腿支撐整個身體左右移動和旋轉，頭部也順著軀幹自然扭轉，同時兩眼不斷注視交換的上手，這樣就形成了一個

處處牽連、密切配合的全身運動。

（3）圓　活

太極拳的動作是以各種弧形曲線構成的，在一連串連貫的弧形動作中圓滿得不凹不凸，無有缺陷，不出棱角，變化又非常輕靈活潑。

認識和掌握這一規律，就能自覺地避免直來直往和轉死彎、拐直角的想像，使動作圓活不滯。在動作要領上，要特別注意運用腰脊帶動四肢進行活動，只有做到以腰為軸，才能使手法、步法變換圓活，動作輕靈順遂。

第三階段：

過去有人把這個階段稱為「由招熟而漸悟懂勁」的階段，或者叫「練意、練氣、練勁」的階段，練習中要注意以下要點：

（1）虛實分明，剛柔相濟

在太極拳練習中，常把矛盾轉換概括地稱做虛實變化。太極拳從整體動作來分，除個別情況外，動作到達終點完勢為「實」，動作變換過程為「虛」；從局部動作來分，主要支撐體重的腿為實，輔助支撐或移動換步的腿為虛；體現動作主要內容的手臂為實，輔助配合的手臂為虛。分清了動作的虛實，用力的時候就要有張有弛，區別對待。實的動作和部位，用力要求沉著、充實；虛的動作和部位，要求輕靈、含蓄。

例如動作達到定式或完成時，腰脊和關節要鬆沉穩重；動作變換運動時，全身各關節要舒鬆、活潑；上肢動作由虛而即時，前臂要沉著，手掌逐漸舒指，展掌，塌腕，握拳要鬆而緊；由實而虛時，前臂運轉要輕靈，手掌

略微含蓄，握拳由緊而鬆。這樣，結合動作虛實變化，勁力有剛有柔、張弛交替，打起拳來就可輕靈、沉著，避免不分主次平均用力和雙重、呆滯的毛病。

（2）連綿不斷，勁力完整

太極拳的勁力除要求剛柔相濟外，還要求均勻完整，處處時時不斷勁。斷勁就是指力量的中斷、停頓、脫節、突變。要使勁力綿綿不斷，就要在動作連貫協調、圓活的基礎上掌握運動規律。

太極拳用力要求發自腰腿，運用於兩臂、兩手，達於手指，動作起來，以腰為樞紐，周身完整一氣。凡是腰部的旋轉和腿的屈伸，腳的外擺、內扣與身體重心移動須配合一致，兩臂運轉也要在腰部旋轉帶動下進行。

強調腰腿發力，周身完整，不是忽視上肢的作用。太極拳中兩臂的變化最多，是勁力運用的集中表現。比如前臂外旋時，小指一側微微用力，好似向外撐勁；前臂內旋時，拇指一側微微用力，好似向裡裹勁，前推時除腕微微塌住勁外，可注意中指或食指領勁，意念中好像力量關注到指尖，這樣儘管動作千變萬化，但勁力始終貫穿銜接，完整一氣，做到勢換勁不斷。

剛柔相濟，是指力量的變化；連綿不斷，是指勁力的完整。

（3）意念集中，以意導動

練太極拳至始至終要求精神集中，在技術熟練的基礎上，注意力應集中到勁力運用的方面。比如做挒的動作時，要有牽挒住對方手臂的意念；按的動作要求有向前推按的想像。以這種有關的意念活動引導勁力的發揮和變

化，做到「意動身隨」，意到勁到。

意念活動能動的引導，不僅使勁力體現得更充分，動作更準確，而且對調節中樞神經和增強器官的機能，都有直接的影響。所以，有人稱太極拳是用意不用力的「意識體操」。關於太極拳意念引導動作，在理解和實踐中要特別注意以下兩點：

第一，意念集中不是情緒緊張呆板。

意念活動要與動作的剛柔、張弛相一致，形成有節奏、有變化的運動，意志活動和勁力運用，是統一運動的兩個方面，都要體現「沉而不僵，輕而不浮」的特點。

第二，意念、勁力、動作三者是統一的，但它們的相互關係則有主有次。

意念引導勁力，勁力產生運動。太極拳要求「先在心，後在身」，勢換勁連，勁換意連。但這和主從關係不能有脫節、割裂的理解。意念的變化要表現在勁力和動作上。練太極拳不能片面追求「虛靜」，追求「有圓之意，無圓之形」，那樣就會把意念活動割裂架空，使人感到莫測高深，無所適從。

（4）呼吸自然，配合動作

太極拳要求呼吸深、長、細、勻，通順自然。初練拳時只要求自然呼吸，當動作已達到自動化程度以後，可根據個人體會，有意識地引導呼吸，使其更好地適應勁力與動作的要求。這種呼吸叫「拳勢呼吸」（拳勢聚合，勁力充實）。這種有意識地配合呼吸，做到舒胸、束肋、實腹、以氣助力。

太極拳動作變換複雜，一般說來，凡是由實轉虛、勁

力含蓄輕靈、肩胛展開、胸腔擴張的時候，就應該吸氣，相反，當動作由虛轉實、勁力沉實集中、肩胛內合、胸腔收縮的時候，就應該配合呼氣，這種結合與運動中的生理需要是一致的，也正是武術中的「以意運氣」「以氣運身」「氣力合一」的體現。太極拳的「拳勢呼吸」就是使呼吸的自發配合變為自覺的引導。

「拳勢呼吸」的運用不是絕對的，因為不同的拳套練起來的呼吸次數和深度各不相同，就是同一套路，不同的人的呼吸也無法強求一律，練拳時只能要求在主要動作和肩胛開合較明顯的動作上，做到「拳勢呼吸」。

在練一些過渡動作和個人感到呼吸難以結合的動作時，仍需要進行自然呼吸，或採用輔助呼吸（短暫呼吸），加以過渡調節。所以，打太極拳時無論技術如何熟練，總是要以「拳勢呼吸」和「自然呼吸」相結合。

第二章

東岳太極拳

第一節　東岳太極拳簡介

　　西元 2000 年的第一個黎明，中央電視臺「東方時空」現場直播了在泰山極頂練太極拳的場景，那天人合一的雄偉壯觀的一瞬，永遠鼓舞著我們為中華武術奮鬥的信念。

　　泰山，以「五嶽獨尊」而著名，歷史悠久，是中華民族嚮往的聖地，又是世界文化的寶貴遺產。人類社會進入 21 世紀，在新千年來臨之際，中央電視臺在泰山極頂，將太極拳用直升機航拍送入太空，由國際衛星傳播到世界人民面前，這確實是我們武術界史無前例的一大幸事。

　　中央電視臺播放的新千年「泰山舞拳」節目。泰安市有關領導說：「新千年泰山舞太極拳，這一壯舉作為民族文化將永遠保留下來，與泰山共存。」

　　在泰山上演練太極拳，將人、動作和山勢融為一體，氣勢雄渾，節奏鮮明，動律感強。將自身看做一個小宇宙，有「欲與天公試比高」的膽氣。

　　中國的太極拳有多種流派，要向世界人民展示中國太極拳，不能局限於某一派，要容納各家之長，才具有代表性。泰山極頂練拳，只有 6 平方米的空地，衛星向世界轉播只有 5～6 分鐘的時段，所以新編的拳路須「短而精，包容性強」。

　　全套路共由 15 個動作（十五式）組成，其中陳式 4 個，即搗碓勢、攬紮衣、如封似閉、掩手肱捶；楊式 7 個，即單鞭、白鶴亮翅、手揮琵琶、倒捲肱、摟膝拗步、

野馬分鬃、攬雀尾；武式1個，即雲手；孫式一個，即左右起腳；吳、武合一，即下勢獨立；楊、武合一，即三才勢（收勢）。

全套分兩段。第一段，動律感要強，動作剛柔雄渾；第二段，緩柔，舒展大方，氣勢內含。練習一套需3～5分鐘，可反覆練習。身體定位，胸對的方向爲「前」；預備勢，胸向「南」，套路動作運行主軸方向爲東西，套路段動作運行長度爲6公尺。

套路動作採用傳統名稱、招式，但賦予了以泰山自然爲背景的新的意境，比如「下勢獨立」悟爲「懸崖立鬆」。有的動作加以形象化，賦予哲理性，如起勢稱爲「太極勢」（懷抱日月，旋轉乾坤）。

在泰山之巔演練東岳太極拳，總的感受是「浩然正氣滿乾坤」「無限風光在險峰」。

第二節　拳的禮儀（抱拳禮）

「抱拳禮」是現今武術規則規定並在國內外武術界一致採用的具有代表性的禮法。此禮法是由中國傳統民間的「作揖禮」和武術界常用的抱拳禮加以提煉規範，統一而成的，並賦予了新的含義。演練東岳太極拳的起勢前和收勢後用此禮法。

行禮的方法：

身體並步直立，兩臂屈肘於胸前，左手四指併攏伸直，拇指屈攏；右手握拳，左掌心抱貼右拳面（左指根線

與右拳棱相齊），拳掌合於胸前，與胸相距爲本人的 2～3 拳（20～30公分）。頭要正，目視受禮者，面容舉止自然大方（見下圖）。

抱拳禮

第三節　東岳太極拳動作名稱

無極式（預備勢）

第一段

一、太極式（起勢）
　1.懷抱日月
　2.旋轉乾坤（一）
　3.旋轉乾坤（二）
二、攬紮衣
　1.轉體伸掌

　2.轉體舉臂
　3.擦步合臂
　4.馬步翻掌
　5.馬步立掌
三、如封似閉
　1.落掌提腕
　2.滾腕擺掌
　3.轉體下捋
　4.馬步掤掌

東岳太極拳

第四節　東岳太極拳動作圖解

無極式（預備勢）

　　兩腳併攏，身體自然直立；肩臂鬆垂，兩手指自然展開，指尖觸大腿側；頭項端正，下頜內收，舒胸展背，軀幹正直；呼吸自然；眼平視前方。（圖2-1）

　　【要點說明】

　　①做到虛領頂勁，斂臀收腹，腳趾微扣地，體態端正；精神集中，排除雜念，一心想著自身各部位姿勢的正確做法；用意使頸椎、胸椎、腰椎節節對正。

　　②避免合肩、凹胸、弓背，或展肩、挺胸、夾背、突

圖2-1

圖2-2   圖2-3

臀、腆腹、仰頭。

③意境：立身中正，有頂天立地之氣勢。

第一段

一、太極式（起勢）

1. 懷抱日月

左腳向左開步，兩腳相距約與肩同寬，腳尖向前，兩腿屈膝微蹲；左手托右拳輕貼腹部，兩臂微屈呈圓；眼斜下視，靜站片刻。（圖2-2）

【要點說明】

① 兩腿屈蹲時，膝與腳尖上下相對，斂臀、坐胯、圓襠。上體端正，沉肩、虛腋、意行，氣沉丹田。

圖2-4　　　　　　　　圖2-5

② 避免扣膝夾襠、跪膝、突臀、腆腹、俯身、後仰、聳肩、左右偏斜。

③ 意境：舒胸實腹，手臂呈圓，兩腳站定，有胸懷日月、穩如泰山之魄。

2. 旋轉乾坤（一）

重心移向左腿再移向右腿；左手托右拳，同時向左、向上、向右繞弧至右腹前（圖2-3、圖2-4）。動作不停，重心再移至兩腳之間，復原「懷抱日月」勢（圖2-5）。按以上做法可重複兩次。

3. 旋轉乾坤（二）

① 重心移向左腿，上體微左轉；同時，右前臂內旋，右拳變掌，向上抬至左胸前，手心翻向下，手指向左，左

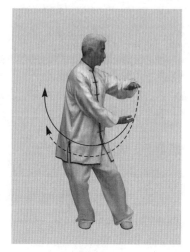

圖2-6　　　　　　　　　圖2-7

掌移至左腹前，兩掌心相對；眼視右掌。（圖2-6）

　　②重心移向右腿；同時，右前臂外旋，右掌心翻向上，掌落至左腹前，指尖向左，左前臂內旋，左掌弧形向上抬至左胸前，掌心翻向下，指尖向右，兩掌心仍相對；眼視左掌。（圖2-7）。

　　③重心移向左腿，上體右轉；同時，左前臂外旋，左掌向右、向下落至右腹前，掌心翻向上，指尖向右，右前臂內旋，右掌向右、弧形向上抬至右胸前，掌心翻向下，指尖向左，兩掌心仍相對；眼視右掌（圖2-8）。按以上①—③做法可重複兩次。

　　【要點說明】

　　①「旋轉乾坤（一）」動作中，身法是左右平移運動，兩腿在虛實轉換；兩手在腹前由左向右畫平面立圓，如同平面太極圖形。「旋轉乾坤（二）」動作是「回轉身

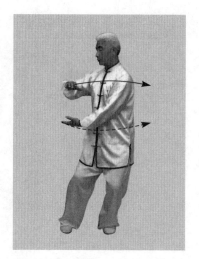

圖2-8

法」和「抽提身法」同時動作，帶動兩手臂在胸、腹之間做「揉球式」動作，如同畫「立體太極圖形」。總之，「太極式」是練太極拳的根基，周身內外一靜無有不靜，一動無有不動，以外動引導內動，丹田內轉進行腹式呼吸，蠕動內臟器官，起到平衡健身的作用。

②意境：「旋轉乾坤」動作，能驅動周身由外及內、或明或暗、或大或小做圓形運動。導引內氣潛轉，將自身融於天地之間，無我無物混元一氣。有詩云：「乾坤轉，天地變，太極行，萬物生。」

二、攬紮衣

1. 轉體伸掌

重心仍在左腿，上體左轉；同時，右掌向左、向前伸

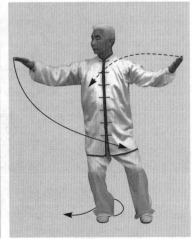

圖2-9　　　　　　　　　　圖2-10

舉，左掌弧形收於左腹前；眼隨視右掌。（圖2-9）

2. 轉體舉臂

重心移向右腿，上體右轉；同時，右掌向前、向右畫弧成右側前舉臂，掌略低於肩，掌心仍向下，左掌向左、向上、向前畫弧成左側前舉臂，掌與肩平，掌心斜向上；眼隨視右手。（圖2-10）

3. 擦步合臂

重心移向左腿並屈膝，右腳提起，以腳跟內側著地向右擦步；同時，左右臂分別由上下向裡相合，左掌至右腋前，掌心向右，指尖向上，右掌至左腹前，掌心向左，指尖向前下方；眼隨視右掌。（圖2-11）

圖2-11　　　　　　　　　　圖2-12

4. 馬步翻掌

重心逐漸移向右腿，微屈下蹲，右腳踏實，上體微左轉；右臂屈肘外旋，再內旋橫於胸前，隨之右掌旋腕，掌心翻向下，同時，左前臂內旋再外旋橫於胸前，左掌心翻向上，附於右前臂上，兩臂同時撐勁；眼隨視右掌。（圖2-12）

5. 馬步立掌

重心繼續移向右腿成右偏馬步，上體微右轉；右臂橫肘向右弧形運至右前側，坐腕立掌，左掌下落至左小腹前，掌心向上，指尖向右；眼隨視右掌（圖2-13）。此為攬紮衣定式。

圖2-13

【要點說明】

①「擦步合臂」分動，當腳提起、兩臂上下似合非合時，稍頓，然後再落腳擦步合臂。在此動作中，體現手法、身法、步法「開中寓合」「合中寓開」「對拉拔長」的太極拳對立統一的原則。

②「攬紮衣」定式，要虛領頂勁，沉肩垂肘，斂臀坐胯，氣沉丹田，周身合住勁。

③意境：東岳古峰，高聳入雲，深淵、陡嶂，山風呼嘯。此境演拳，必調集自身膽識、功力、氣質與古嶽相融一體。「攬紮衣」本是「逞雄擴袍待勢」之意，今練之勢，意有「穩如泰山」「靜如山岳」之感，故可稱「坐山勢」。

圖2-14　　　　　　　　圖2-15

三、如封似閉

1. 落掌提腕

重心移向左腿，上體微左轉並後坐；同時，左前臂內旋，左腕在左腹前上提，右前臂內旋下落鬆腕，掌心旋向後，掌指下垂；眼隨視右掌。（圖2-14）。

2. 滾腕擺掌

重心移向右腿，上體微右轉；左前臂外旋，左掌指背輕貼左腹，折腕向右下、向左滾動繞小圓，隨後左掌心翻向上托至腹前，指尖向右，右掌以腕為軸向左、向上、向右繞擺，隨後右臂向右前上伸舉，掌心斜向下方，腕與肩平；眼隨視右掌。（圖2-15）

圖2-16

圖2-17

3. 轉體下捋

重心移向左腿，上體微左轉；同時，右掌向下、向左捋至右胯前，掌心向下，指尖向右下方，左掌收至左腰前，掌心向上，指尖向右；眼隨視右掌。（圖2-16）

4. 弓步掤掌

重心移向右腿成右弓步，上體微右轉；右掌繼續捋至腹前，右腕上部與左掌背相貼，兩掌臂隨弓步同時由下向上、向右前掤出，右掌橫於面前，掌心向外；眼隨視右掌。（圖2-17）

<table>
<tr><td>圖2-18</td><td>圖2-19</td></tr>
</table>

圖2-18　　　　　　　　圖2-19

5. 馬步落掌

身體下蹲成右偏馬步；右掌向右前、向下畫弧按落至右膝前，掌心向下，指尖向右前，左掌沉落至右腹前，掌心向上，指尖向右；眼視右掌。（圖2-18）

6. 弓步托掌

重心移向左腿，右腳稍內扣成左側弓步，上體微左轉；同時，兩前臂外旋屈肘，兩掌左上托（有一頓勁），右掌至右前與右肩平，掌心向上，指尖向右偏前，左掌至與左腮平，腕外旋，掌心斜向裡，指尖向右，小指、無名指向裡裹勁；眼隨視右掌。（圖2-19）

圖2-20　　　　　　　　　　圖2-21

7. 轉體托掌

　　上體左轉；兩臂屈肘，兩腕均內旋，兩掌托至肩前上方，掌心均向上，指尖向後；眼隨視左掌。（圖2-20）

8. 虛步撐掌

　　重心移至右腿並屈膝，左腳收至右腳內側，腳前掌著地成左虛步，左腿屈膝外展，左腳尖對膝，上體右轉；隨之兩掌向前撐推，指尖高與鼻平，掌心斜向前，指尖斜向上，兩虎口相對，兩肘外展；眼視兩掌方向。（圖2-21）此為如封似閉定式。

　　【要點說明】

　　①1、2動連起來，實際是以身帶臂，以身臂協調帶動兩手腕做圓轉動作。左掌以掌指為軸，腕關節滾轉一小

圓；右手以腕關節爲軸，手掌繞一小圓。兩手腕要鬆活，同時完成繞圓動作。

②3、4動連起來，做下捋上掤動作，實際上是周身在做立圓運動。

③5～8動連起來，是第三次左右移動重心，隨回轉身法兩手臂做平圓旋轉動作。

④8動「如封似閉」定式，兩掌前推，除了手臂外撐，背部也要有後撐勁，體現出太極拳「前去必有後撐」的原則。

⑤意境：「如封似閉」完整動作，具有周身由小至大環環相扣的圓形運動的典型特點，加之內氣潛轉，內外交融，自感如洶湧波濤翻浪，全身蓄勁，有無堅不摧的雄渾勁。

四、單　鞭

1. 轉體錯掌

上體右轉；右前臂外旋，右掌心翻向上，稍沉肘收於右胸前，左前臂內旋，左掌心翻向下，橫著經右掌上向前錯推，掌高與肩平，兩掌心斜相對；眼隨視左掌。（圖2-22）

圖2-22

圖2-23　　　　　　　　圖2-24

2. 轉體錯掌

上體左轉，重心稍移向左腿；左前臂外旋，左掌心翻向上，稍沉肘收於右腋前，指尖向右，右前臂內旋，右掌心翻向下，橫著經左掌上向右前錯推，掌高與肩平，兩掌心斜相對；眼隨視右掌。（圖2-23）

3. 變勾落掌

上體繼續微左轉；同時，右掌變勾手，右臂微屈向右前伸，腕高與肩平，左臂沉肘，左掌收落於左腹前；眼視左前方。（圖2-24）

4. 轉體穿掌

上體右轉；同時，左掌向右、向上弧形穿至右腋前，

圖2-25　　　　　　　　　　圖2-26

掌心斜向上，右勾手不變；眼隨視左掌。（圖2-25）

5. 弓步推掌

　　上體左轉，隨之左腳向左後邁出成左弓步；同時，左掌向上經面前向左推出，成側立掌，指尖高與鼻平，掌心向前，左臂微屈，右臂自然伸直，右腕高與肩平，勾尖向下；眼隨視左掌（圖2-26）。此爲單鞭定式。

　　【要點說明】

　　①1～4動，要求斂臀、鬆胯活腰，以腰的回轉帶動掌臂動作。

　　②5動，通稱「拉單鞭」。動作定式時，左上肢要沉肩垂肘，坐腕舒指展掌；右上肢要以肩催肘，肘催手，意顧腕關節（勾頂部）向後領勁，這樣左右「對拉拔長」，顯得姿勢舒展大方。動作過程中，隨轉體左腳邁出，腳跟

先著地，然後全腳掌慢慢踏實成弓步。要避免未轉體先邁步，或先轉體後邁步，還要避免腳一邁出就全腳掌落地踏實，這些都是身步不協調、不分虛實之病。

③ 意境：前動「如封似閉」如同「洶湧波濤」，而「單鞭」恰似「風平浪靜」，這樣體現了「剛中寓柔」「柔中寓剛」的太極拳動韻的節奏美。

五、白鶴亮翅

1. 轉體伸掌

上體微左轉；左掌活腕向右、向下繞弧，隨後前伸，掌心向下；右勾變掌，隨右臂下落向左經胯旁，向上舉至左腋前，掌心向下，指尖向左偏前；眼稍顧右掌，貫注左掌。（圖2-27）

2. 轉體擺掌

上體右轉，重心移向右腿，左腳隨之內扣；同時，左右掌向上經額前弧形右擺至右前方，兩腕高與肩平，掌心均翻向外，掌指向上，兩臂微屈；眼隨視右掌，稍顧左掌。（圖2-28）

3. 轉體挑掌

上體左轉，左腳外擺，重心稍移向左腿；同時，右掌向下、向左畫弧收至右胯旁，掌心向裡，指尖斜向下；左掌向下、向左、向上畫弧上挑至身體左側偏前，掌與胸同高，掌心向前（東南），指尖斜向上；眼隨視左掌。（圖2-29）

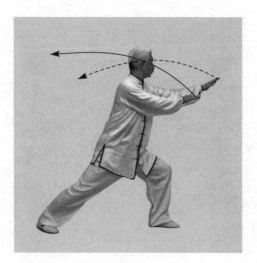

圖2-27

圖2-28

圖2-29

圖2-30　　　　　　　　　　圖2-31

4. 跟步合掌

　　重心移至左腿並屈膝，右腳向前跟步落至左腳右後方
（約20公分），右腿屈膝，上體左轉；同時，左右兩掌上
下合於腹前，右掌心斜向下，左掌附於右腕上；眼視兩
掌。（圖2-30）

5. 坐身採掌

　　重心移至右腿並屈膝坐身，上體微右轉；同時，兩掌
向右、向後畫弧下採按至右胯旁，掌心向下；眼隨視右
掌。（圖2-31）

6. 轉體送掌

　　上體左轉；同時，兩掌弧形向左前送至左腹前，掌心

圖2-32　　　　　　　　圖2-33

向下；眼隨視右掌。（圖2-32）

7. 虛步分掌

重心完全移至右腿並後坐，左腳向前活步，腳尖點
地，成左虛步；同時，兩掌分別左下、右上分開，左掌至
左胯側前方，掌心向下，指尖向前，右掌舉至右額角右前
上方，掌心向前，指尖向上，兩臂微屈；眼平視前方（圖
2-33）。此為白鶴亮翅定式。

【要點說明】

①1～3動，實則是兩手臂在體前畫一立面橢圓形圖；
5、6動作，是兩掌在腹前畫一小平圓，體現鬆腰回轉的身
法，以腰帶手臂運轉。

②7動是定式，要求虛領頂勁，斂臀坐胯，身正，兩
臂圓屈。

圖2-34　　　　　　　　　　圖2-35

③ 意境：表現高瞻遠矚、心曠神怡的心態。

六、掩手肱捶

1. 轉體擺掌

　　上體微左轉再右轉，同時，左腳前腳掌向右碾動，腳跟外展；右掌向前、向下、向右、向上畫弧舉至肋高，右掌心向下，左臂外旋，左掌向左、向上、向右畫弧擺至左前方（東南），掌高與肩平，掌心翻向上；跟隨視左掌。（圖2-34）

2. 轉體擺掌

　　上體左轉；左臂內旋，左掌向下、向左、向上畫弧舉至左側（偏前），腕高與肩平，掌心向外，右臂外旋，右

圖2-36　　　　　　　　圖2-37

掌向左前弧形平擺至右前方，掌高與肩平，掌心翻向上；
眼隨視右掌。（圖2-35）

3. 提腳握拳

　　重心全部移至左腿並微屈獨立，右腿屈膝提腳，身體
升起並右轉；同時，右臂內旋，屈肘握拳收於胸前，拳心
斜向下，左臂屈肘，左掌附於右腕上；眼隨視右拳。（圖
2-36）

4. 踏腳栽拳

　　重心下降，右腳下落踏地，正當右腳著地之際，左腿
屈膝，左腳迅速提起；同時，右拳以拳面為力點下栽至腹
前，左掌按附至右前臂內側，兩臂微屈，均向內旋勁；眼
仍視右拳。（圖2-37）

圖2-38

圖2-39

5. 馬步按拳

左腳向左（偏東北）跨出成馬步；同時，兩手向下按落至小腹前，兩臂撐勁，右腕下塌，拳心向下；眼仍視兩手。（圖2-38）

6. 馬步分臂

重心偏移右腿成右偏馬步，上體微右轉；同時，兩臂內旋向側前上分舉，兩臂微屈，兩腕高與肩平，左掌右拳；眼隨視右手。（圖2-39）

7. 轉體旋臂

重心移至右腿成右弓步，上體繼續右轉；同時，右臂外旋屈肘，右拳向左回收至右胸前，拳心向上，左臂外

圖2-40　　　　　　　　　　圖2-41

旋，向右前伸舉，掌心向上，掌高與肩平；眼視左掌。
（圖2-40）

8. 弓步發拳

　　上體迅速左轉，重心迅速移向左腿成側弓步；同時，
右臂內旋，右拳經左掌上以抖彈勁發出，拳高與胸平，拳
心向下，右臂微屈，左臂迅速屈肘，左掌收貼於左腹部，
掌心向裡；眼視右拳方向（圖2-41）。此為掩手肱捶定
式。

　　【要點說明】

　　①「掩手肱捶」是陳式太極拳中的典型發力動作，講
究「蓄發」勁。5、6動是以馬步樁降低重心，引氣下沉，
穩定重心；7動是轉腰、屈伸、旋臂，肢體對拉拔長造勢
於反彈力，為發拳做準備，為「蓄勁」；8動中，是集中

周身「蓄勁」將右拳迅速衝出，爲「發勁」。

「掩手肱捶」的蓄發勁，關鍵在於力達有序，所謂「渾身九節勁，節節腰中發」「起根在腳，蹬於腿，發力於腰，通於背，達於梢（拳）」。可見「腰」是總樞紐，腰一動周身俱動，身體各部的動力刹那間傳遞到「拳」上，而且各自尚留餘勁。

這種「蓄發、彈抖勁」是以「腰」爲主宰，是意、氣、勁、形高度協調統一的結果。

② 意境：太極拳的「蓄髮勁」是體現全身整體勁的變化。意象中有「一身備五弓」的要求，也就是身軀和四肢各爲一張弓，五弓拉滿形成勢能爲「蓄勁」，放弦弓彈變成動能將箭射出爲「發勁」，發勁後，五弓各自還保持一定的曲度，尚有餘勁。故做「掩手肱捶」時，要有「蓄勁如張弓，發勁似射箭」的意象。

七、雲 手

1. 提腕下捋

胯下沉向左折腰，使腰左側用意上提；隨之左臂屈肘，使左腕向上鬆提，拇指側貼於左腹部，指尖向下；同時腰右側用意下抽，隨之右臂沉肘，右拳變掌向下回捋，掌高與小腹平，掌心向下，指尖向右前方；眼隨視右掌。（圖2-42）

圖2-42

| 圖2-43 | 圖2-44 |

2. 轉體疊掌

重心繼續左移，上體微左轉；同時，右臂屈肘橫掌於腹前，掌心向下，左掌貼於腹部，腕向右旋滾，使左掌疊在右掌腕上，掌心向上；眼隨視兩掌。（圖2-43）

3. 弓步掤掌

重心右移成右弓步，上體右轉；同時，兩臂向右、向上掤起，兩臂圓屈，右掌橫於面前，掌心向外，左掌心斜向裡，掌指附於右腕上；眼隨視兩掌。（圖2-44）

4. 弓步塌掌

重心移向左腿成左弓步，上體左轉；右臂外旋，左臂內旋，兩掌橫塌於腹前，掌心向左前方，指尖向右前方，

圖2-45　　　　　　　　圖2-46

腰部彈性發力；眼視兩掌。（圖2-45）

5. 弓步橫掌

　　重心右移再左移成左弓步，上體微右轉再左轉；兩掌由鬆到張，向右、向上、向左前畫弧，左前右後橫於胸前，掌心向外，指尖向上；眼視左掌。（圖2- 46、圖2-47）

6. 收腳立掌

　　重心移至右腿並屈膝，隨之左腳收於右腳內側，前腳掌著地，左膝微屈，同時，上體右轉；右臂內旋，左臂外旋，兩掌向下、向右、向前上畫弧，右掌立於右前側，腕高與肩平，指尖向上，掌心向前，左掌至右腰前，掌心向上，指尖向右；眼隨視右掌。（圖2-48）

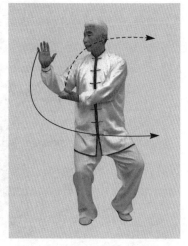

<table>
<tr><td>圖2-47</td><td>圖2-48</td></tr>
</table>

圖2-47　　　　　　　　圖2-48

7. 轉身雲掌

　　重心不動，右腳稍內扣，上體左轉，左腳向左（東）邁出，腳跟著地；同時，左掌向上、向左經面前內旋畫弧雲掌至左胸前，掌心翻向前，指尖向上，高與鼻平，右掌向下、向左畫弧至左腹前，掌心向上，指尖向左；眼隨視左掌。（圖2-49）

圖2-49

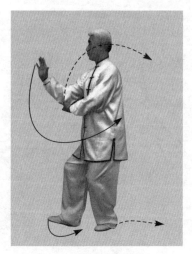

圖2-50

8. 轉身雲掌

重心移至左腿並屈膝，左腳以腳跟為軸內扣，上體右後轉，右腳回收至左腳內前方，腳跟著地，右腿屈膝；同時，右掌向上、向左經面前內旋畫弧雲掌至右胸前，屈肘立掌，掌心翻向前，指尖向上，高與鼻平，左掌向下、向右畫弧至右腹前，掌心向上，指尖向右；眼隨視右掌。（圖2-50）

9. 轉身雲掌

重心移至右腿並屈膝，右腳以腳跟為軸內扣，上體左後轉，左腳向左（東）邁出，腳跟著地；同時，左掌向上、向左經面前內旋畫弧雲掌至左胸前，屈肘立掌，掌心翻向前，指尖向上，高與鼻平，右掌向下、向左畫弧至左

圖2-51

腹前，掌心向上，指尖向左；眼隨視左掌。（圖2-51）

【要點說明】

①1～4動連貫起來，是兩掌在體前畫立圓後，疾速發力制動的發力動作。要求迅速扭腰、沉胯、斂臀、氣沉丹田、短促呼氣；右膝要微屈外展，開胯圓襠，這樣能使身體產生「合中寓開」的反彈抖動勁；隨之傳遞到兩掌指而顫動，即周身「力達於梢」的體現。避免故意局部的抖臂或抖腕使手指顫抖現象。

②7～9動連貫為「雲手」的完整動作，實際是兩臂屈肘內外旋，使兩掌在體前上下做兩個交叉圓運動。

兩掌隨前臂內外旋而翻轉，又隨身體轉動，在面前做平圓畫弧運動，這樣，掌臂自轉在空間又公轉，如同地球與太陽運行之間的關係，表現出太極拳「無處不是圓」的運動特點。

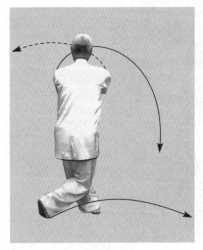 

圖2-52　　　　　　　圖2-52附圖

③ 雲手轉身時，要斂臀收腹，沉住胯，端正上體，避免重心起伏或撅臀。

④ 意境：「轉身雲手」定式，在體前一手臂屈肘立掌，另一手托在腹前，形似山中遊客焚香拜佛姿態。

八、右左下勢獨立

1. 轉身搭腕

左腳以腳跟為軸外擺，右腳腳跟抬起，前腳掌向左碾動，成屈膝叉步，身體左轉；同時，右手經左前臂內側穿出，兩臂屈肘於胸前，兩腕相搭，右腕在上，左腕在下，掌心均向下；眼視兩腕。（圖2-52、圖2-52附圖）

2. 仆步分掌

左腿屈蹲，右腿抬起向右仆步；兩臂微屈，向前、向上、向體側、向下分落，兩掌心向下，右掌至腿內側上方，指尖向右，高與腰平，左掌高與肩平，指尖斜向上；眼隨視右掌。（圖2-53）。

圖2-53

3. 弓步伸掌

左腿蹬起，重心移向右腿，右腳外擺，左腳內扣成右弓步，上體微右轉；同時，右掌向右前上舉，腕高與肩平，掌心向前下方，指尖向前上方，左掌下落於胯側；眼視右掌。（圖2-54）

圖2-54

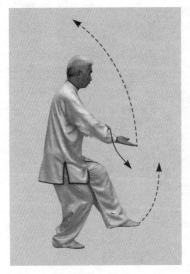

圖2-55　　　　　　　　圖2-56

4. 提腳撩掌

重心全部移至右腿並微屈支撐身體，上體右轉，隨之左腳向前提起；同時，左臂外旋，左掌由下向前撩至腹前，掌心斜向上，右臂屈肘，右掌附於左前臂上；眼視左掌。（圖2-55）

5. 獨立撐掌

右腿自然蹬直獨立，左膝上提外展，左腳尖勾起外擺，向前舉至襠高；左前臂內旋，左掌向上撐架至左額角前上方，掌心翻向外；右掌按於腹前，掌心向下，指尖向左；眼平視前方（圖2-56）。此為右下勢獨立定式。

6. 轉身搭腕

右腿微屈，左腳下落，腳跟著地，身體右轉，隨後左腳內扣，右腳前掌右碾，兩腳平行開立踏實，橫距10公分，重心偏於右腿；同時，兩臂屈肘於胸前，兩腕相搭，左腕在上，右腕在下，掌心均向下；眼視兩掌。（圖2-57）

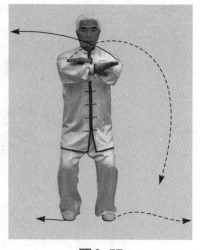

圖2-57

7. 仆步分掌

右腿屈蹲，左腿抬起向左仆步；兩臂微屈，向前、向體側、向下分落，兩掌心均向下，左掌至腿內側上方，高與腰平，指尖向左，右掌至高與肩平，指尖斜向上；眼隨視左掌。（圖2-58）

圖2-58

圖2-59

8. 弓步伸掌

右腿蹬起，重心移向左腿，左腳外擺，右腳內扣成左弓步，上體微左轉；同時，左掌向左前上方伸舉，腕高與肩平，掌心向前下方，指尖向前上方，右掌下落於胯側；眼視左掌。（圖2-59）

9. 提腳撩掌

重心全部移至左腿並微屈，支撐身體，上體左轉，隨之右腳向前提起；同時，右臂外旋，右掌由下向前撩至腹前，掌心斜向上，左臂屈肘，左掌附於右前臂上；眼視右掌。（圖2-60）

| 圖2-60 | 圖2-61 |

10. 獨立撐掌

左腿自然蹬直獨立，右腿上提外展，右腳尖勾起外擺，向前舉至與襠同高；右前臂內旋，右掌向上撐架至額角前上方，掌心翻向外，左掌按於腹前，掌心向下，指尖向右；眼平視前方（圖2-61）。此為左下勢獨立定式。

【要點說明】

① 7動兩掌臂分落時，上體要正，強調斂臀沉胯，避免彎腰撅臀。肩、肘、腕要放鬆，兩掌圓展，隨仆步緩緩下降。其意境：兩掌臂下如有浮雲氣團，好似雄鷹展翅落山巔。

② 10動要求虛領頂勁，兩掌臂撐圓，立身端正，穩固。其意境：有懸崖立鬆、頂天立地之氣魄。

圖2-62

圖2-63

九、手揮琵琶

1. 落腳落掌

左腿屈膝，右腳後落踏實，重心偏於左腿；右掌向前下落體前，腕高與肩平，掌心斜向下，左掌向後、向左收於胯旁，掌心向下，指尖向前；眼視右掌。（圖2-62）

2. 轉體帶掌

重心移向右腿並屈膝，上體右轉；同時，右掌向後、向下帶至右胸前，掌心向下，左掌由下向左、向上、向右畫弧擺舉至側前方（東），腕高與肩平，掌心斜向下；眼隨視右掌兼顧左掌。（圖2-63）

圖2-64

3. 虛步合臂

重心繼續移至右腿，上體左轉，身體後坐，左腳活步，左膝微屈，腳跟著地，腳尖蹺起，成左虛步；兩掌臂隨轉體沉肘外旋，向內合勁，左掌舉於側前方成側立掌，腕高與肩平，掌心向前，指尖斜向上，右掌至左肘內下方，約距10公分；眼視左掌（圖2-64）。此為手揮琵琶定式。

【要點說明】

①2動要以腰轉帶動兩掌臂平舉，兩臂鬆展，懸膀虛腋。兩掌臂要有對拉勁，胸部寬舒自然。避免右臂主動撤肘夾腋，造成身手不調，違背以身帶臂的原則。

②3動同樣要求轉腰合臂協調一致，身體各部位姿勢都要對應，處處合住勁，即肩與胯、肘與膝、手與腳對應

相合。鼻尖與手尖、手尖與腳尖遙相對應，即所謂「三尖相照」。同時，還要虛領頂勁，斂臀坐胯，沉肩垂肘，舒指展掌；含胸拔背，氣沉丹田。兩腿雖分虛實，但要形成支撐八面整樁勁。

③ 意境：身正，樁穩，勁整，周身造勢舒展，混元一氣。原意兩手臂姿勢，如同揮抱一「琵琶」。從太極陰陽消長圓圖來看，如同一陰陽魚圖像。

第二段

十、右左倒捲肱

1. 轉體舉臂

左腳全腳掌踏實，上體右轉；同時，右臂外旋，右掌向下、向右經腰側畫弧上舉至右側偏前，腕高與肩平，掌心逐漸翻向上，左臂外旋，微伸舉至左側偏前，掌心翻向上，腕高與肩平；眼隨視右掌。（圖2-65、圖2-66）

2. 提腳屈臂

重心全部移至右腿並獨立，上體左轉，左腿屈膝上抬，左腳腳尖點地提起；右臂屈肘，右掌收至右耳旁，掌心斜向前，左臂微屈，左掌稍落，與左胸同高；眼視左掌。（圖2-67）

圖2-65

圖2-66

圖2-67

圖2-68

圖2-69

3. 撤步推掌

左腳向後落地撤步，重心隨之移向左腿並屈膝，右腳以前掌爲軸轉正，成右虛步，上體左轉；同時，右掌向前經左掌上方推出，右腕高與肩平，掌心斜向前，右臂微屈，左臂屈肘收於腰間，左掌落至左腰前，掌心向上，指尖向前；眼視右掌（圖2-68）。此爲右倒捲肱定式。

4. 轉體舉臂

上體左轉；左掌向下、向左畫弧上舉至左側偏前，腕高與肩平，右臂外旋，微伸舉至右側偏前，掌心翻向上，腕高與肩平；眼視左掌。（圖2-69）

5. 提腳屈臂

重心全部移至左腿，並屈膝獨立，上體右轉，同時，

圖2-70　　　　　　　　　圖2-71

右腿屈膝上抬，右腳腳尖點地提起；左臂屈肘，左掌收至左耳旁，掌心斜向前，右掌稍落於右胸前；眼視右掌。（圖2-70）

6. 撤步推掌

右腳向後落地撤步，重心隨之移向右腿並屈膝，成右實左虛，上體右轉；同時，左掌向前經右掌上方推出，腕高與肩平，掌心斜向前，臂微屈，右臂屈肘收於腰間，右掌收落至右腰前，掌心向上，指尖向前；眼視左掌（圖2-71）。此為左倒捲肱定式。

【要點說明】

①4動中，隨轉體一側的臂在上舉過程中，要懸膀虛腋，手掌如同托物似地緩緩舉起；不要夾腋、肘貼身再舉臂。

圖2-72 圖2-73

②3動中，兩腿成虛實站立時，兩腳要保持橫向距離約10公分，不要兩腳站在一條線上或撤成交叉步，造成重心不穩。向後撤步落腳時，要特別注意虛實，應腳尖、腳前掌、腳跟依次著地，全腳逐漸踏實，而後重心移至後腿。

③意境：「撤步推掌」退步時要小心翼翼，如臨深淵，如履薄冰。

十一、左右起腳

1. 轉體抱掌

左腳內扣，重心移向右腿，再移向左腿並屈膝，身體右轉；隨轉身兩掌向右下捋，隨後屈臂，右臂內旋，左臂外旋，兩掌抱於體前，左掌在腹前，掌心向上，指尖向右，右掌在胸前，掌心向下，指尖向左；眼隨視右掌。（圖2-72、

圖2-74　　　　　　　　圖2-75

圖2-73）

2. 轉體合掌

右腳後撤於左腳跟內側，踏實（腳尖向西），左腳稍內扣，兩腳平行開立，橫距10公分，兩腿屈膝，重心偏向右腿，上體右轉（胸向西）；兩臂垂肘，兩掌左右合抱於胸前，掌心相對，兩掌相距同臉寬，指尖向上與下頜平；眼視左前、稍顧兩掌。（圖2-74）

3. 起腳分掌

重心全部移至右腿並自然伸直，上體微右轉，左腿伸直勾腳尖，向左前（偏西南）、向上踢起，腿高與腰平；同時，兩掌向前、並分別向左右、向兩側前方伸舉，掌心轉向外，指尖向上，腕高與肩平，左掌臂與左腿上下相對；眼視左掌（圖2-75）。此爲左起腳定式。

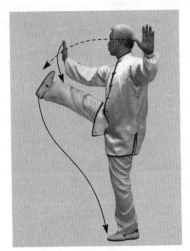

圖2-76   圖2-77

4. 落腳合掌

左腿屈收，左腳落回於右腳內側原地踏實，兩腿屈膝，重心偏左腿；同時，兩臂屈肘，兩掌左右合抱於胸前，掌心相對，兩掌相距與臉同寬，指尖向上，高與頜平；眼視右前方，稍顧手。（圖2-76）

5. 起腳分掌

重心全部移至左腿並自然伸直，上體微左轉，同時，右腿伸直，勾腳尖向右前（西北）、向上踢起，腿高與腰平；兩掌向前、並分別向左右側前伸舉，掌心轉向外，指尖向上，腕高與肩平，右掌臂與右腿上下相對；眼視右掌（圖2-77）。此爲右起腳定式。

【要點說明】

①「左右起腳」動作是直擺性的腿法，應注意：起腳

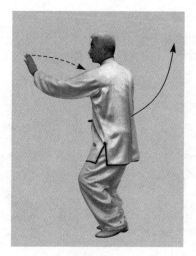

圖2-78

要緩起慢落，斂臀收胯，支撐腳紮實站穩，上體端正，避免掀胯側擺、彎腰、支撐腳跟上提。

②胸前合掌時，立掌掌心相對，虛腋，肘外展，即掌合肘開，所謂合中寓開，避免夾腋合肘。

③意境：起腳時立如栽椿。

十二、左右摟膝拗步

1. 落腳擺掌

右腿屈收，右腳落回左腳內側踏實，右腳尖稍外擺，兩腿屈膝，重心偏右腿，上體微右轉；同時，左掌向右前擺於面前，右臂屈肘，右掌收於腰前，掌心向上；眼視左掌。（圖2-78）

圖2-79　　　　　　　　　　圖2-80

2. 轉體舉臂

重心全部移至右腿，左腳向前稍提起，上體繼續右轉（胸向西北）；同時，右掌臂隨轉體繼續向右上方畫弧上舉，腕高與肩平，掌心斜向上，左掌弧形擺落至右胸前，掌心向右下方；眼視右掌。（圖2-79）

3. 上步屈肘

上體微左轉，左腳向左前上步，腳跟著地；右臂屈肘，右掌收至右耳旁，掌心斜向前，左掌弧形按落於腹前，掌心向下；眼平視前方。（圖2-80）

4. 弓步推掌

重心前移成左弓步，上體微左轉；同時，右掌向前推

<table>
<tr><td>圖2-81</td><td>圖2-82</td></tr>
</table>

圖2-81　　　　　　　圖2-82

出，腕高與肩平，左掌經左膝前上方，向左弧形摟至左大腿外側上方，掌心向下，指尖向前；眼視右掌（圖2-81）。此為左摟膝拗步定式。

5. 轉體碾步

上體左轉，隨之右腿微屈，左腳跟、右腳前掌依次向左碾步；右掌向左稍平擺，左掌向左平弧帶至胯旁；眼視右掌。（圖2-82）

6. 收腳舉掌

重心移至左腿，右腳收至左腳內側，腳尖點地，上體繼續微轉；同時，左掌臂隨轉體繼續向左上方畫弧上舉，腕高與肩平，掌心斜向上方，右掌弧形擺落至左胸前，掌心向左下方；眼視左掌。（圖2-83）

圖2-83

圖2-84

7. 上步屈肘

上體右轉，右腳向右前上步，腳跟著地；左臂屈肘，左掌收至左耳旁，掌心斜向前，右掌弧形按落於腹前，掌心向下；眼平視前方。（圖2-84）

8. 弓步推掌

重心前移，成右弓步，上體微右轉；同時，左掌向前推出，腕高與肩平，右掌經右膝上方，向右弧形摟至大腿外側上方，掌心向下，指尖向前；眼視左掌（圖2-85）。此爲右摟膝拗步定式。

【要點說明】

① 3動中，注意上步和轉體的時機要掌握好，應邊轉身邊出腳上步，體轉方位到位，腳也落點到位，加之坐身

| 圖2-85 | 圖2-86 |

斂臀，這樣步幅大，身、手、步法協調。避免體未轉腳先出，或體已轉腳晚出，這是司空見慣的技術弊病。

②4動中，重心前移成弓步時，前腳應由腳跟逐漸慢慢踏實全腳掌，重心向前平移。避免一上步全腳掌就很快踏實以及重心有起伏現象。

③意境：俗語「上步似貓行」，表示上步要輕靈。也要有「如臨深淵」之感，步法虛實變換要謹慎。

十三、左右野馬分鬃

1. 轉體碾步

上體右轉，隨之左腿微屈，右腳跟、左腳前掌依次向右碾轉成碾步；左掌向右稍平擺，右掌向右畫平弧帶至胯旁，掌心向下；眼視左掌。（圖2-86）

圖2-87　　　　　　　　圖2-88

2. 收腳抱球

　　重心移至右腿，左腳向前收至右腳內前側，腳尖點地，兩腿屈膝；兩掌分別上下弧形運轉於體前（偏右）成抱球狀，右掌與胸同高，掌心向下，左掌至腹前，掌心向上，兩掌心相對；眼視右掌。（圖2-87）

3. 弓步分掌

　　上體微左轉，左腳向左邁出，腳跟先著地，隨後重心前移成左弓步；左右兩掌隨弓步轉體分別向左上和右下弧形分開，左臂舉於左側前，左掌腕高與肩平，掌心斜向上，右掌按於右胯旁，掌心向下，指尖向前；眼視左掌（圖2-88）。此為左野馬分鬃定式。

圖2-89　　　　　　　　圖2-90

4. 轉體碾步

上體左轉，右腿微屈，左腳跟、右腳前掌依次向左碾轉成碾步；隨之，左臂微屈內旋，右臂外旋，兩掌臂舉於體前，左腕高與肩平，右掌至腹前；眼視左掌。（圖2-89）

5. 收腳抱球

上體繼續左轉，重心移至左腿，右腳收至左腳內側前，腳尖點地；左右兩掌合抱體前（偏左），左掌與胸同高，右掌至腹前，掌心上下相對；眼視左掌。（圖2-90）

6. 弓步分掌

上體微右轉，右腳向右邁出成右弓步；左右兩掌隨弓

圖2-91

步轉體分別向右上和左下弧形分開，右臂舉於右側前，右腕高與肩平，掌心斜向上，左掌按於左胯旁，掌心向下，指尖向前；眼視右掌（圖2-91）。此爲右野馬分鬃定式。

【要點說明】

①3動中，要邊轉體邊出腳，上步落腳時，腳跟先著地，而後全腳掌逐漸踏實成弓步。上體動作應是，隨轉體兩掌心對著邊合邊分。避免上步時出現下臂反向屈肘錯掌的弊病。

②意境：「野馬分鬃」原意是指奔馳在原野上的烈馬脖上的鬃毛，上下左右蓬起抽甩的勢頭。另外，兩臂一分一合，兩掌心一上（陽）一下（陰），意爲借天地之氣，養吾浩然之氣。

<table>
<tr><td>圖2-92</td><td>圖2-93</td></tr>
</table>

圖2-92　　　　　　　　圖2-93

十四、攬雀尾

1. 轉體擺掌

重心移向左腿並屈膝，身體左轉，右腳內扣；同時，右臂微屈內旋，右掌橫擺至右肩前，掌心向左，左掌弧形左帶左臂外旋，掌心向右；眼隨視右掌。（圖2-92）

2. 收腳抱掌

重心移至右腿，右腳踏實，上體繼續微左轉，左腳收於右腳內側，左腳尖點地，兩腿屈膝；同時，兩掌抱於體前（偏右），右掌與胸同高，掌心向下，左掌至腹前，掌心向上，與右掌心相對；眼視右掌。（圖2-93）

圖2-94　　　　　　　　圖2-95

3. 弓步掤臂

上體左轉，左腳向左邁出成左弓步；同時，左臂屈肘，以左前臂向前掤出，左掌掌心對胸，腕高與肩平，右掌按於右胯旁，掌心向下，指尖向前；眼視左掌。（圖2-94）

4. 轉體伸掌

上體微左轉；左掌稍向前伸，掌心翻向前下方，右掌翻向上，經腹前向上、向前弧形伸至左肘內側下方；眼隨視左掌。（圖2-95）

5. 轉體捋掌

上體右轉，重心移向右腿並屈膝；兩掌下捋，經腹前

圖2-96　　　　　　　　圖2-97

再向右後上方畫弧舉起，右
掌舉至高與肩平，掌心斜向
上，左掌屈臂擺至右胸前，
掌心斜向裡；眼隨視右掌。
（圖2-96、圖2-97）

6. 轉體捲臂

上體左轉（胸向東）；
右臂內旋，屈肘捲收，右掌
心向前按於左腕內側，左臂
平屈於胸前，掌心向裡，指
尖向右；眼視前方。（圖
2-98）

圖2-98

圖2-99　　　　　　圖2-100

7. 弓步擠臂

重心前移成左弓步；兩臂向前擠出，雙臂撐圓，右掌附於左腕內側，高與肩平；眼視左前臂。（圖2-99）

8. 伸掌展臂

右掌經左掌上伸出，兩掌臂分展，與肩同寬，掌心均轉向下；眼視前方。（圖2-100）

9. 坐身落掌

身體後坐，重心移向右腿並屈膝；兩臂屈肘，兩掌向後、向下收經胸前，落至腹前，掌心向前下方；眼隨視兩手方向。（圖2-101、圖2-102）

圖2-101

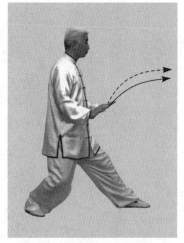

圖2-102

10. 弓步按掌

重心前移成左弓步；兩
掌平行向上、向前按出，腕
高與肩平，掌心向前，指尖
斜向上，塌腕展掌；眼平視
兩掌方向（圖2-103）。此
為攬雀尾定式。

圖2-103

【要點說明】

①「攬雀尾」完整動作
包含太極拳八種擊法中的四
正法，即掤、捋、擠、按。
拳歌中有曰「掤捋擠按須認真，上下相隨人難進」，故上
肢和下肢動作要做到協調一致。在步法虛實變換過程中，

圖2-104

要保持鬆腰、斂臀、沉胯、身正、步穩。要避免前俯、後仰、起伏、突臀。

② 意境：胸懷若谷，有吞吐宇宙大氣之勢。

十五、三才式（收勢）

1. 轉身分掌

重心移向右腿，身體右轉，隨之，左腳內扣（腳尖向南），右腳外擺（腳尖向西南）成側弓步；右掌經面前向右分擺，左掌臂微向左展，兩掌臂成側舉（偏前），腕高與肩平，掌心向外，指尖向上；眼隨視右掌。（圖2-104）

2. 收腳捧掌

重心移向左腿，上體微左轉（胸向南），右腳稍內

圖2-105

圖2-106

扣，兩掌向體前下落，接著
重心繼續移向左腿，右腳向
左內收踏實與左腳平行，相
距與肩同寬，兩腿屈蹲；兩
臂屈肘，兩掌心翻向上，捧
於腹前，指尖向前，兩肘與
兩膝相對；眼視兩掌方向。
（圖2-105、圖2-106）

3. 起身托掌

圖2-107

　兩腿慢慢升起；隨之兩
掌向上托起，至腕高與肩
平，兩臂微屈；眼視兩掌方向。（圖2-107）

圖2-108

圖2-109

4. 落掌直立

兩腿慢慢伸起自然直立;兩掌心翻向下,按落於胯前側;接著左腳收於右腳內側,兩腳併攏,身體直立;兩掌落至大腿側,指尖貼腿;眼平視前方。（圖2-108、圖2-109）

【要點說明】

① 1～3動中,上體要始終保持端正,避免低頭、彎腰、撅臀。

② 意境:1、2動是兩手在空間上下畫一圓形,意為天地（古人稱天圓地方）;2、3動意為兩手捧托日月;4動意為頂天立地的人。練習太極拳,要始終保持主觀意象同客觀環境和諧與統一,即「天人合一」。總的意境「三才者天地人」。

東岳太極拳動作路線示意圖

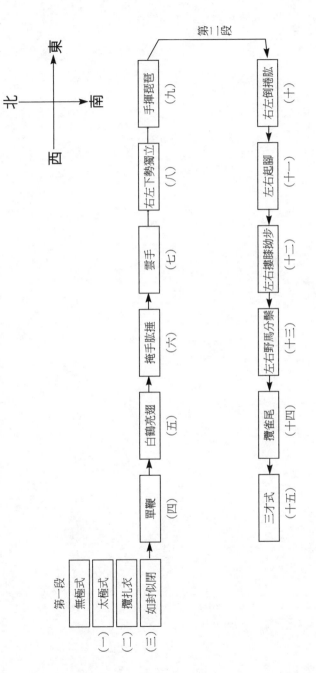

西　北

南　東

東 岳 太 極 拳

第三章

東岳太極劍

第一節　東岳太極劍簡介

「東岳太極拳」創編之後，依據此拳的風格特點，又創編了「東岳太極劍」套路。

此套路無論從動作形態、技法、意氣勁路等方面，與「東岳太極拳」動作一脈相承，所謂「拳為器械之母」，以拳派生了劍術套路，為完善「東岳太極拳、械」系列增加了新的內容。

東岳太極劍套路中吸收傳統劍的典型動作，同時也增加了新的以泰山為背景的自然人情風貌的形態動作。如「上下格劍（寒風裹衣）」即模仿當時拍攝場景：天寒風疾，工作人員穿著大衣裹緊身子的形象。

原傳統動作或新編動作都賦有別名（意名），體現了民族文化內涵。「上下格劍（寒風裹衣）」也正是「東岳太極拳」中的「雲手」的派生，體現了「以拳為母」的意思。

「東岳太極劍」套路共分兩段，25個勢子，包括5種步型，2種腿法，13種主要劍法。練習全套動作需2～3分鐘。在學習該套路之前，首先應掌握劍的正確基本握法及基本劍法。最好在熟練正確掌握「東岳太極拳」的基礎上，再學練「東岳太極劍」，這樣才更有底蘊。

第二節　劍的禮儀和結構

一、劍的禮儀（持劍禮）

練劍起勢前和收勢後，要施持劍禮。

方法是：併步直立；左手持劍，屈臂，使劍身貼前臂外側，斜橫於胸前，刃朝上下；右手四指併攏，拇指屈成斜立掌，以小指側掌根附於左腕內側，兩手在胸前成交叉狀，距胸約30公分，肘略低於手，兩臂外掌；目視受禮者。（見下圖）

持劍禮

二、劍的結構

劍把：把持握劍的部位。

劍身：技擊實用部位。（圖3-1）

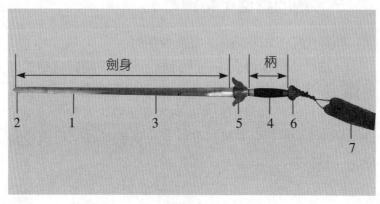

圖3-1

1. 劍刃：劍身平面兩邊鋒利的部分。

2. 劍尖：劍身鋒銳的尖端。

3. 劍脊：劍身平面隆起的部分。

4. 劍柄：手握劍把的部位。

5. 護手（劍格）：劍柄與劍身相隔的突出擋手部分。

6. 劍首（劍墩、鐔）：劍柄後端的突出部分，多成凸形。

7. 劍穗（劍袍）：繫在劍首上的穗子。

三、劍的技法

1. 劍的握法和劍指

（1）正握：五指螺形屈握，使劍刃朝上下（虎口對上刃）。多用於劈劍、刺劍、拉劍、上掛劍等。（圖3-2）

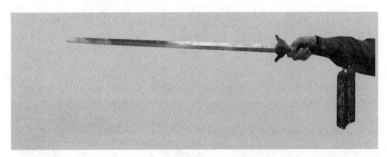

圖3-2

（2）反握：正握旋臂（內旋或外旋），以拇指抵於劍柄下方，使劍刃朝上下。多用於撩劍、探刺等。（圖3-3、圖3-3附圖）

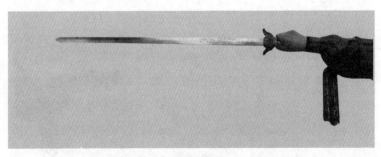

圖3-3

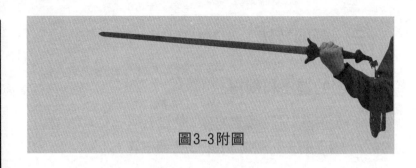

圖3-3附圖

（3）俯握：正握臂內旋，手心向下，使劍刃朝左右。
多用於右帶劍、右抹劍、右斬劍等。（圖3-4）

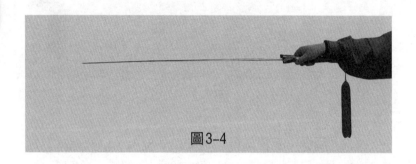

圖3-4

（4）仰握：正握臂外旋，手心向上，使劍刃朝左右。
多用於掃劍、帶劍、抹劍、削劍、平刺等。（圖3-5）

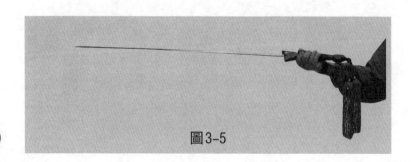

圖3-5

以上握劍法（術語），可幫助學員理解圖文，識別和掌握劍法，更快學會套路動作。

練劍時，握劍手指要隨動作變化，互相交替時鬆時緊，協調順遂。手心要空，握柄要鬆；手腕要活，不能滿把死攥；食指不得獨自伸出。

（5）劍指（劍訣）：食指與中指伸直併攏，無名指與小指屈攏，大拇指壓在無名指和小指第一關節上。運用劍指配合劍法，可以助勢用力，動作圓活，姿勢優美。（圖3-6）

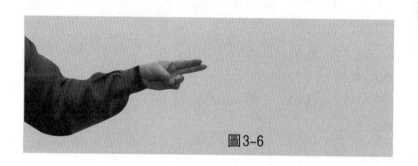

圖3-6

2. 劍的基本技法

（1）劈劍：正握劍，使劍由上向下運動，力注劍身下刃。

（2）刺劍：握劍臂由屈而伸，力注劍尖。

（3）撩劍：反握劍，使劍經體側由後向前上方運動，力注於劍前身小指側刃。

（4）掛劍：立劍，劍尖由前向下、向後或由前向上、向後運動，力注劍身。前者為下掛，後者為上掛。

（5）架劍：立劍，橫平高舉過頭，力注劍身小指側刃。

（6）穿劍：臂由屈而伸，使劍沿身體部位運動，力注劍尖。

（7）帶劍：平劍由前向側後方回抽，力注劍刃。

（8）斬劍：平劍橫擊，高度在頭頸之間，力注劍身小指側刃。

（9）截劍：劍身斜向上或斜向下運動，力注劍身前部小指側刃。

（10）提劍：反握劍，屈腕，使劍垂直或斜向下，向上提拉，力注劍身小指側刃。

（11）托劍：立劍橫平，由下向上托舉，力點在劍身後部上刃。

（12）抹劍：平劍，由前向左（右）弧形回收，力注劍身外側刃。

（13）拉劍：正握立劍，臂由伸到屈，使劍向下、向後回抽，力注劍身下刃。

第三節　東岳太極劍動作名稱

第一段

預備勢

　併步持劍（頂天立地）

一、起勢（坐山勢）

1. 開步持劍
2. 轉身舉指
3. 持劍舉臂
4. 擦步合臂
5. 馬步持劍

東岳太極拳

二、獨立斬劍(撥雲見日)

1. 弓步劈劍
2. 弓步托劍
3. 轉身抹帶
4. 獨立平斬

三、弓步刺劍(青龍出水)

1. 落步腕花
2. 弓步刺劍

四、虛步亮劍(白鶴亮翅)

1. 轉體帶劍
2. 持劍前指
3. 跟步下刺
4. 轉體帶劍
5. 轉體穿刺
6. 虛步亮劍

五、弓步下刺(靈貓撲鼠)

1. 弓步壓劍
2. 踏腳收劍
3. 弓步下刺

六、上下格劍(寒風裹衣)

1. 上格劍
2. 下格劍

七、右仆步劈劍(鋪地錦)

八、左獨立提劍(釣魚勢)

1. 弓步上刺
2. 併步後劈

3. 獨立提劍

九、上下格劍(寒風裹衣)

1. 扣步抱劍
2. 上格劍
3. 下格劍

十、左仆步劈劍(鋪地錦)

十一、右獨立提劍
　　　(釣魚勢)

1. 弓步上刺
2. 併步後劈
3. 獨立提劍

十二、左虛步下刺
　　　(等魚勢)

第二段

十三、右左撩劍(小魁星)

1. 插步後劈
2. 虛步右撩
3. 插步後劈
4. 虛步左撩

十四、右虛步下刺
　　　(等魚勢)

1. 轉身劈劍
2. 轉身掛劍
3. 收腳上穿
4. 虛步下刺

東岳太極拳

第四節　東岳太極劍動作圖解

第一段

預備勢（頂天立地）

此勢胸向南，胸對方向定爲前。

併步持劍：

兩腳併攏，身體直立；兩臂自然下垂於體側，左手持劍，劍身後部平著輕貼於左前臂後側，劍尖向上，左手心向後，拇指根部輕貼腿側，右手心向裡，指尖觸及腿側；眼平視前方。（圖3-7）

圖3-7

圖3-8

【要點】

兩肩自然鬆沉，兩臂不要貼身夾腋，劍不可觸身，兩腿自然直立，體態端正，呼吸自然。

一、起勢（坐山勢）

1. 開步持劍

重心移至右腳，左膝微屈，左腳腳跟、腳尖依次提起，向左橫邁步，腳尖、腳跟依次落地，重心移至兩腳之間，兩腿開步站立；右臂內旋，右手變劍指，手心向後，兩臂微外展，兩手離開腿側；眼平視前方。（圖3-8）

2. 轉體舉指

重心移向左腿，上體微左轉；隨之，右臂向左、向上

圖3-9

圖3-10

抬起，右手劍指高與肩平，指尖向前（東南），左肘微屈外展，劍身直立，仍平貼左前臂後側；眼看劍指方向。（圖3-9）

3. 持劍舉臂

重心移向右腿，上體右轉（胸向西南）；隨之，右手劍指向右、向下畫弧至與腰同高，手心斜向下，右臂微屈成斜下舉，左手持劍向左、向上、向右舉至高與肩平，手心斜向下，左臂微屈，劍身平貼左前臂下，劍尖向後下方；眼隨視右手劍指。（圖3-10）

4. 擦步合臂

重心移至左腳，左腿屈膝，右腳稍提起（距地面10公分左右）；同時，左右臂分別向右、向左相合；接著，右

圖3-11　　　　　　　　圖3-12

腳向右跨一大步，以腳跟內側著地擦出，身體下蹲，重心偏左腿；兩臂繼續屈肘相合，左臂持劍斜橫於胸前，左手心斜向下，劍尖向左後下方，右手劍指至腹前，手心向左；眼先隨視右手再平看右方。（圖3-11、圖3-12）

5. 馬步持劍

重心慢慢右移，右腳踏實，兩腿屈蹲成馬步，重心偏右腿（稱右偏馬步）；右手劍指經左臂內側，向上經胸前橫肘向右畫弧至體右側（偏前）垂肘立指，指尖斜向上，與鼻同高，手心向外，左手持劍屈肘內旋，使劍立於左膝內側上方；眼隨視右手劍指。（圖3-13、圖3-14）

【要點說明】

此勢類似東岳太極拳中「攬紮衣」的做法，姿勢、勁路均同。

圖3-13　　　　　　　　　圖3-14

①4動「擦步合臂」，當提腳，兩臂似合非合時，稍
頓勁，然後再合臂擦步，體現了上下肢「合中開」「開中
合」「對拉拔長」的太極拳勁路對立統一的原理。

②5動「馬步舉指」，要虛領頂勁，沉肩垂肘，斂臀
坐胯，氣沉丹田，周身內外合住勁，有「穩如泰山」之意
境。

二、獨立斬劍（撥雲見日）

1. 弓步劈劍

重心移向左腿，上體微左轉；左手持劍，屈臂橫於胸
前，手心向下，劍身平貼於左臂下，劍尖向左，右手收至
劍柄下，準備接握劍柄；接著重心右移，右腿弓步，右腳
稍外擺，上體右轉；右手正握劍柄，使劍向上、向右下劈

圖3-15

圖3-16

出，力點在劍前部小指側刃，劍尖斜向上，左手劍指附於
右前臂內側；眼隨視劍尖。（圖3-15、圖3-16）

圖3-17

2. 弓步托劍

　　身體下蹲，上體微左轉；右手仰握劍，使劍繼續下落，向左平掃於右膝內側下；接著，上體微左轉，兩腳以前腳掌爲軸，向左碾動成左側弓步；同時右手反握劍屈臂上托，使劍身橫於右肩前上方，力點在劍身後部上（小指

圖3-18

側）刃，劍尖向右，左手劍指架於頭左上方；眼看劍身中部。（圖3-17、圖3-18）

圖3-19　　　　　　　　圖3-20

3. 轉身抹帶

　　上體微左轉；右手仰握劍柄，向左引劍，使劍向左平抹，力點在劍前身外（小指側）刃；接著，上體右轉，重心右移；同時，右手俯握劍，使劍身向左平擺，然後再向右弧形平帶，力點在劍前身外（小指側）刃，劍橫於體左前，並平貼於左前臂下與胸平，劍尖向左後方，左手劍指附於右手腕上；眼隨視劍尖方向。（圖3-19、圖3-20）

4. 獨立平斬

　　重心全部移至右腿獨立，左腿提膝，左腳尖自然下垂；同時，左手劍指經面前架於頭左上方，手心朝外，右手俯握劍，使劍向右伸臂平斬，力點在劍小指側刃，劍尖稍高於肩，劍尖向右前方（西南）；眼隨視劍尖方向。

圖3-21

（圖3-21）

【要點說明】

① 此劍動作是東岳太極拳中「如封似閉」的模式。採取拳的身法勁路，運用到劍法上。

② 2動「弓步托劍」，向上稍有頓挫勁，然後使劍路轉爲平向運動。總之，從1～4動要連貫，一氣呵成，意、氣、勁不能散亂。

③ 4動「獨立斬劍」定式重心要站穩，要做到頭頂懸、立腰，支撐腳腳趾抓地；採用「托氣」法。

④ 中老年人腿力欠缺，可不做「獨立」，可做成「左丁步斬劍」（左腳尖點地，重心在右腿並屈膝）。

圖3-22

三、弓步刺劍（青龍出水）

1. 落步腕花

右腿屈膝，左腳向左後方（向東偏北）落步；同時，右手握劍，以腕關節爲軸內旋再外旋，使劍尖按順時針方向繞一小圓劈擊，左手劍指附於右前臂內側；眼看劍尖方向。（圖3-22）

2. 弓步刺劍

右腳內扣；右手持劍，右臂腕內旋，使劍弧形掛落至體右側；左腳外擺，重心移向左腿成左弓步；同時仰握劍，伸臂向前平刺，劍尖與胸同高，左手劍指上架於額左前上方；眼看劍尖方向。（圖3-23、圖3-24）

圖3-23

圖3-24

【要點說明】

①「落步腕花」時，握劍要以拇指和食指為主，腕要活，肘要微屈放鬆。此劍法又名「剪腕花」。

圖3-25　　　　　　　　圖3-26

②1與2動要連貫完成，下肢步法變換與劍的動作要
協調一致。

四、虛步亮劍（白鶴亮翅）

1. 轉體帶劍

重心移向右腿並屈膝，上體右轉，左腳尖稍內扣；同
時，右手反握劍屈臂，使劍上舉向右回帶，架於頭右上
方，劍尖向左（東），力點在劍身中部，左手劍指附於右
手腕內側；眼看劍尖方向。（圖3-25）

2. 持劍前指

上體微左轉，左腳尖擺正（向東），重心左移；左手
劍指向下、向左、向上、向前（東）指出，右手仰握劍下

圖3-27　　　　　　　　圖3-28

落於右胯旁，劍尖向左前下方；眼看左手劍指方向。（圖3-26）

3. 跟步下刺

重心移向左腿並屈膝，右腳跟進左腳後，並前腳掌著地（兩腳相距約10公分），同時，上體左轉；右手仰握劍伸臂，使劍向前下刺出（向東偏下），右手心向上，左手劍指附於右腕上；眼看劍尖方向。（圖3-27）

4. 轉體帶劍

右腳踏實，重心移至右腳，上體後坐並右轉；隨轉腰右手俯握劍，向右後領劍柄，使劍向右帶，力點在劍身中部外側刃，劍身與腹同高，劍尖稍向左前下方，左手劍指仍附於右手腕內側；眼看劍尖方向。（圖3-28）

圖3-29　　　　　　　　　　圖3-30

5. 轉體穿刺

　　上體左轉；隨之，右手仰握劍伸臂，使劍向左前下方
（東北偏下）穿出，劍尖同膝高，左手劍指仍附於右腕
上；眼看劍尖方向。（圖3-29）

6. 虛步亮劍

　　重心仍至右腿並屈膝，左腳向前活步，腳尖點地，成
左虛步，上體微右轉（胸向東）；同時，左右兩臂分別向
左下、右上舉，右手仰握劍，使劍向右上斜削（力點在劍
前部，拇指側刃），舉於頭右上方，劍尖斜向上，右手腕
與肩同高，手心向左上方，左臂微屈，左手劍指舉於左胯
側前，手心斜向下；眼平視前方。（圖3-30）

圖3-31

【要點說明】

①該動作是模擬東岳太極拳中的「白鶴亮翅」拳勢而編成，姿勢和勁路二者相通。4與5動是回轉身法，以身帶臂，以臂帶劍，向右、向後、向左繞圓，身械要協調、圓活。

②1至6動，要動作連貫、圓活，一氣呵成。「虛步亮劍」定式時，要求虛領頂勁，斂臀坐胯，身正，兩臂要屈展。

五、弓步下刺（靈貓撲鼠）

1. 弓步壓劍

左腳向前（稍偏左）邁步，重心前移成左弓步；右臂內旋，右手俯握劍，使劍向前、向下落壓，劍身與膝同高，力點在劍身中部下面，劍尖向前（東），左手劍指隨臂外展；眼看劍身。（圖3-31）

圖3-32　　　　　　　圖3-33

2. 踏腳收劍

　　重心全部移至左腿並屈膝，右腿屈收，右腳提至左踝內側，然後用力踏地，左腳跟迅速提起，重心移至右腿並屈膝，上體微右轉；同時，右手仰握劍收至腰間，劍尖向左前下方（東偏下），左手劍指附於右腕上；眼看劍尖方向。（圖3-32、圖3-33）

3. 弓步下刺

　　左腳向前邁步，重心前移，右腳迅速蹬地成左弓步，上體微左轉；同時，右臂前伸，右手仰握劍，使劍向前下發力刺出，力達劍尖，左手劍指仍附右腕上；眼看劍尖方向。（圖3-34、圖3-35）

圖3-34

圖3-35

【要點說明】

「弓步下刺」類似陳式太極拳中的「指襠捶」，是發力動作。特別是3動，要發力有序，「起根在腳，蹬於

圖3-36

圖3-37

腿，發力於腰，通於背，達於梢」。也就是「弓步下刺」時，要迅速轉腰蹬腿弓步，沉胯，腳抵地產生反作用力，將勁力由臂傳遞到劍尖，及時氣沉丹田，周身合住勁產生制動力，使劍抖動。

六、上下格劍（寒風裹衣）

1. 上格劍

重心移向右腿並屈膝，左腳尖蹺起；右手正握劍坐腕，使劍身豎起置於上體前，劍尖向上；身體右後轉180°，左腳內扣，重心移至左腿並屈膝，右腿屈膝右腳後收，腳跟著地（與左腳尖相距約10公分）；隨轉身右手正握劍，向右繞弧格劍立於上體右前側，力點在劍後身劍脊部，兩手至右胯前；眼隨劍身環視。（圖3-36、圖3-37）

2. 下格劍

身體左轉，右腳內扣；右肘上提，右手反握劍，腕內旋，使劍身垂直於體右前側，劍尖向下；以左腳跟、右腳前掌為軸，身體左後轉180°（胸向北），兩腿微屈合住勁，左腳外擺踏實，右腳跟提起；隨轉身，右手反握劍，屈腕提劍向左繞弧格劍提於體左前側，力點在劍

圖3-38

後身劍脊部，劍尖仍向下，右手貼於左肩旁，手心向外，左臂在右臂內側屈肘，左手劍指外旋置右肩前，手心斜向上，兩臂裹勁；眼看右方。（圖3-38、圖3-39、圖3-39附圖）

圖3-39

圖3-39附圖

圖3-40

【要點說明】

①「上下格劍」是由東岳太極拳中的「雲手」演化而來。

②「上格劍」時，要坐腕緊握劍柄；「下格劍」時，要提腕，鬆握劍柄。

③ 此動作「寒風裹衣」，是根據泰山極頂，天冷風疾，人緊裹大衣禦寒而悟定名的。

七、右仆步劈劍（鋪地錦）

右腳提起向右仆步；右手正握劍，向上舉起向右下劈，力點在劍身前部下刃，劍尖向右（東），劍、臂至右腿內側上方，劍與腰同高，左手劍指向左、向上弧形架於頭左上方；眼隨劍右看。（圖3-40、圖3-41）

圖3-41

【要點說明】

　①仆步與劈劍要同時完成；上體儘量正直，不要向前俯身，撅臀。

　②如腿部力量欠缺，仆步難下，可做橫弓步劈劍。

八、左獨立提劍（釣魚勢）

1. 弓步上刺

　重心移向右腿，右腳尖外擺，左腳尖內扣成右弓步，上體微右轉；右手仰握劍，使劍向前上刺出，劍尖與頭同高，左手劍指向下弧形落至左胯側後方，手心斜向下；眼看劍尖方向。（圖3-42）

圖3-42

2. 併步後劈

左腳收至右腳內側，兩腳併攏，兩腿屈蹲，上體微左轉；右手正握劍屈臂，使劍向上、向左下劈至左胯側，左手劍指向上畫弧附於右手腕上；眼隨視劍尖方向。（圖3-43、圖3-43附圖）

3. 獨立提劍

上體右轉，右腿屈膝提起，右腳外擺，左腿伸直獨立；右手反握劍，使劍經左體側由下向前、向上提，斜舉於身體前上方，力點在劍身前部外側刃，劍尖向前下方，左臂微屈外旋，劍指舉於腹前，手心斜向前，指尖向前下方；眼看劍尖方向。（圖3-44）

圖3-43　　　　　　　圖3-43附圖

【要點說明】

① 1～3動要做得連貫圓活，特別是提劍與提右膝要協調一致，體現了太極拳手與腳相繫的原則。

②「獨立提劍」時，要虛領頂勁，立身端正，支撐腳抓地站穩；兩手臂與右腿要配合協調，合住勁。

③ 該動作與第七勢「仆步劈劍」是模擬東岳太極拳中「下勢獨立」選編而成的，故第七、八勢要銜接連貫，勁路完整。

圖3-44

155

圖3-45　　　　　　　圖3-46

九、上下格劍（寒風裹衣）

1. 扣步抱劍

　　右腳落地內扣，上體左轉；右手正握劍，落臂屈肘外旋，坐腕，使劍尖在頭前上方向左、向上、向右（逆時針）畫一小圓（螺旋），隨之將劍豎立，置於上體右前側，劍尖向上，左手虎口向上包握右手拇指側劍柄，雙手抱劍；眼看劍身中部。（圖3-45）

2. 上格劍

　　上體繼續左後轉180°（胸向西偏南），重心移至右腿並屈膝，左腳外擺上蹺，腳跟稍後收著地；隨轉身，左手將劍接過，正握劍向左繞弧格劍，右手變劍指附於左手腕

圖3-47

圖3-48

上，兩手至左胯旁，劍身在左胸左側直豎；眼隨劍身環視。（圖3-46）

3. 下格劍

　　左腳內扣，身體右轉；左肘上提，左手反握劍，腕內旋，使劍身垂直於體左前側，劍尖向下；以右腳跟、左腳前掌為軸，身體右後轉180°（胸向南），兩腿微屈合住勁，右腳外擺踏實，左腳跟提起；隨轉身，左手反握劍屈腕提劍，向右繞弧格劍提於體右前側，劍尖仍向下，右臂在左臂內側屈肘，右手劍指外旋置於左肩前，手心斜向上，兩臂裏勁；眼看左方。（圖3-47、圖3-48）

　　【要點說明】

　　在「上格劍」動作中，有兩手遞交劍過程，要順隨，且莫停頓。

圖3-49

十、左仆步劈劍（鋪地錦）

左腳提起向左仆步；左手正握劍，向上舉起向左下劈，力點在劍身前部下刃，劍尖向左（東），劍、臂至左腿內側上方，劍與腰同高，右手劍指向右、向上弧形架於頭右上方；眼隨劍左看。（圖3-49、圖3-50）

【要點說明】

同「右仆步劈劍」。

十一、右獨立提劍（釣魚勢）

1. 弓步上刺

重心移向左腿，左腳尖外擺，右腳內扣成左弓步，上體微左轉；左手仰握劍，使劍向前上刺出，劍尖與頭同

圖3-50

圖3-51

高，右手劍指向下弧形落至右胯側後方，手心斜向下；眼
看劍尖方向。（圖3-51）

圖3-52　　　　　　　　圖3-53

2. 併步後劈

右腳收至左腳內側，兩腳併攏，兩腿屈蹲，上體微右轉；左手正握劍，屈肘，使劍向上、向右下劈至右胯側，右手劍指向上畫弧附於左手腕上；眼隨視劍尖方向。（圖3-52）

3. 獨立提劍

上體左轉，左腿屈膝提起，左腳外擺，右腿伸直獨立；左手反握劍，使劍經體右側，由下向前、向上提撩，斜舉於身體前上方，力點在劍身前部外側刃，劍尖向前下方，右臂微屈外旋，劍指舉於腹前，手心斜向前，指尖向前下方；眼看劍尖方向。（圖3-53）

圖3-54

【要點說明】

同「左獨立提劍」。

十二、左虛步下刺（等魚勢）

右腿屈膝，左腳向左前落地（腳尖虛點地面），重心在右腿，成左虛步；同時，左手反握劍，臂內旋屈腕，使劍向左前下探刺，劍尖略低於膝，右手劍指架於頭右上方，手心向外；眼看劍尖方向。（圖3-54）

【要點說明】

① 落腳與下刺要協調一致，隨身體下降，劍徐徐刺出。

② 刺劍時，左手握劍要鬆，手心要空，主要以拇指和食指捏握劍柄來控制劍身，不可擺動。

圖3-55

第二段

十三、右左撩劍（小魁星）

1. 插步後劈

右腳稍外擺，上體右轉，左腳向後插步，腳前掌著地，兩腿屈膝，重心偏右腿；隨轉體，左手正握劍，臂外旋再內旋，使劍向上、向右後下劈，劍尖向右（西），左手至右胯旁，右臂外旋，右手在左手內準備接握劍柄；眼隨視劍尖方向。（圖3-55）

2. 虛步右撩

以兩腳前掌為軸，身體左轉180°，重心移向左腿並屈

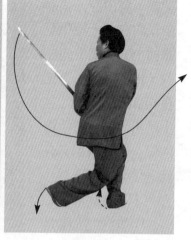

圖3-56　　　　　　　　　圖3-57

膝，右腳尖虛點地成右虛步；隨轉體，右手反握劍，由下
向左前上撩至肩平，劍尖略低，力點在劍身前部上刃，左
手變劍指，向左、向上弧形架於頭左上方；眼隨視劍尖方
向。（圖3-56）

3. 插步後劈

右腳向後插步，腳前掌著地，兩腿屈膝，重心偏左
腿，上體左轉；隨之，右手正握劍，臂內旋，使劍向上、
向左後下劈，劍尖向左（西），右手至左胯旁，左手劍指
附於右腕上；眼隨視劍尖方向。（圖3-57）

4. 虛步左撩

以兩腳前掌爲軸，身體右轉（胸向東南），重心移向
右腿並屈膝，左腳尖虛點地成左虛步；隨轉體，右手反握

持劍，臂內旋，使劍
由下向左前上撩舉至
頭前上方，劍尖向左
前（東）略低，力點
在劍身前部上刃，左
手劍指仍附於右手腕
內側；眼隨視劍尖方
向。（圖3-58）

圖3-58

【要點說明】

① 該劍動作是
模擬東岳太極拳中的
「倒捲肱」勢選編而成。

② 1～4動，要連貫圓活，意如車輪。

③ 1、2動之間有兩手交接劍過程，要順遂，且莫停
頓。

十四、右虛步下刺（等魚式）

1. 轉身劈劍

上體右轉，左腳稍向左開步；右手正握劍，由上向右
下劈，劍尖稍斜向上，左手劍指附於右手腕上；眼隨視劍
尖方向。（圖3-59）

2. 轉身掛劍

重心移向左腿並屈膝，上體左轉；右手反握劍，腕內
旋，使劍由上向下、向左掛至右腿側，力點在劍前部拇指

圖3-59

圖3-60

側刃，同時，左劍指向下、向左、向上畫弧架至頭左上
方；眼看劍前部方向。（圖3-60）

圖3-61　　　　　　　　圖3-62

3. 收腳上穿

重心移至左腿並屈膝，右腳收至左腳內側，腳前掌虛著地；同時，右手正握劍，屈肘坐腕，使劍向上穿，立於上體左肩臂外側，力點在劍尖，左臂屈肘外旋，左手劍指下落至右肩前，手心斜向裡；眼看劍身中部。（圖3-61）

4. 虛步下刺

右腳短暫支撐體重，左腳及時內扣，重心再移至左腿，上體右轉，右腳向右邁出，腳尖點地成右虛步；同時，右臂外旋，右手反握劍，使劍向右弧形斜下反刺，劍尖略低於膝，左手劍指向下、向左上架於頭左上方；眼看劍尖方向。（圖3-62）

圖3-63

【要點說明】

① 1～4動，要圓活連貫，一氣呵成，要立輪成圓。

② 劍在立圓運轉過程中，要注意劍法，即劈、掛、穿、刺。所謂「動中有法」。

十五、架劍蹬腳（大魁星）

1.轉身上帶

以兩腳前掌為軸，身體右轉，兩腿屈蹲，右腳外擺，左腳跟抬起，左膝觸及右膕窩處，重心偏右腿（俗稱高歇步）；右手反握劍，臂內旋，使劍向上、向右平帶至右額前，劍尖向左前方（西），力點在劍身前部，左手劍指附於右手腕內側；眼看劍尖方向。（圖3-63）

2. 架劍蹬腳

重心全部移至右腿直立，左腿屈膝提起再伸腿向左前（西）蹬腳，力點在腳跟，腿高過腰；右手反握劍，向上舉架至頭上方，劍尖仍向左前方（西），左手劍指向左前伸舉，指尖斜向上，手心向外，臂微屈，腕高與

圖3-64

肩平；眼看左手劍指方向。（圖3-64）。

【要點說明】

2動中，蹬腳架劍、舉指要協同完成。動作時，頭要虛領頂勁，立腰，兩臂撐勁勻稱，重心穩定。

十六、退步拉帶（落花勢）

1. 退步拉劍

右腿屈膝，左腳向後落步；右手正握劍向右前劈落，左手劍指附於右腕上；接著，重心移至左腿並屈膝，右腳尖稍內扣，上體左轉；右手正握劍，向左下拉至腹前，力點在劍身前部下刃，劍尖向右前上方；眼隨視劍尖方向。（圖3-65、圖3-66）

圖3-65

圖3-66

2. 退步右帶

右腳向後退一步,重心在左腿;右手正握劍,向前送劍;接著,重心移向右腿並屈蹲,左腳隨之稍右後撤,腳

圖3-67

尖點地成左虛步，同
時，上體微右轉；右手
俯握劍，使劍向下、向
右後平帶至右胯側前，
力點在劍身前部，劍尖
向前稍低，左手劍指落
至左胯旁；眼向前平
視。（圖3-67、圖3-
68）

【要點說明】

　　完成動作過程中，
要體現柔和連貫。劍法

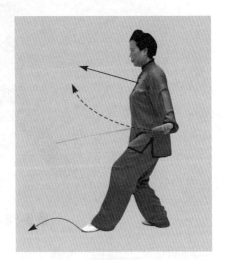

圖3-68

與步法要協調一致，步法要穩健，身態要端正。

圖3-69

十七、獨立捧劍（虎抱頭）

　　左腳向前活步踏實，重心移向左腿並屈膝；右手持劍，與左手劍指同時展臂側舉；接著，重心全部移至左腿並伸直獨立，右腿屈膝向前提起，右腳自然下垂；同時，右手握劍，左手劍指變掌，隨兩臂外旋分別向前、向裡相合，兩手心向上，左手捧在右手下，將劍捧托在胸前，劍尖向前（西），高與頦平；眼看劍尖方向。（圖3-69、圖3-70）

　　【要點說明】

　　① 捧劍與提膝要協調一致。右腿屈膝前提時，膝不得低於腰部。

　　② 捧劍動作，其劍法意象為「平斬」。

圖3-70

十八、蹬腳前刺（白猿獻果）

左腿微屈，右腳下降；同時，兩手捧劍，使劍向下、向後弧形沉落至腹前；接著，左腿伸直，右腿由屈到伸，右腳向前蹬出，力點在腳跟，腿高過腰；隨蹬腳，兩手捧劍伸臂，使劍向上、向前平刺，劍尖高與頦平；眼看劍尖方向。（圖3-71、圖3-72）

【要點說明】

① 該動作的完整連貫過程是雙手托劍，在體前胸腹之間縱向繞一立圓再將劍刺出，動作要求鬆柔圓活。

② 該動作同前第十五勢、第十七勢動作的設計與東岳太極拳中「左右起腳」動作相呼應。拳中腿法是直擺性的，劍中腿法是屈伸性的，二者兼顧，全面鍛鍊。

圖3-71

圖3-72

圖3-73

十九、跳弓步刺（野馬跳澗）

1. 落步前刺

右腳向前落步，重心移向右腿並屈膝，左腳跟提起；兩手捧劍，伸臂向前平刺，劍尖高與頦平；眼仍看劍尖方向。（圖3-73）

2. 躍步拉劍

上動不停。重心繼續前移，右腳蹬地，左腳向前擺落地踏實，左腿屈膝，右腳在左腳將落地時迅速收至左腳內側（內踝），腳不著地；同時，右手正握劍，使劍向下、向後拉，力點在小指側刃，撤至右胯側，右手變成俯握劍，劍尖向前，左手變劍指撤至左胯側，手心向下；眼看

前方。（圖3-74）

3. 弓步刺劍

右腳向前上步
（腳跟先著地），重
心前移成右弓步；同
時，右手仰握劍，向
前伸臂，使劍向前平
刺，劍尖與胸同高，
左手劍指由左側弧形
架於頭左上方；眼看
劍尖方向。（圖3-
75、圖3-76）

圖3-74

圖3-75

圖3-76

【要點說明】

① 1、2、3這一動作組合，均是在身體重心前移的主導下完成的，體現出既敏捷又沉穩、既連綿又剛健的動作特點。具體做法：落步與前刺、躍步與拉劍撤手要協調一致；左腳落地瞬間收提右腳稍頓，再上步平刺。

② 2動的步法是「雞」形獨立步。

二十、弓步削劍（斜飛勢）

1. 碾步下截（右）

重心稍後移，上體微左轉；右肘微屈，右手仰握劍，向左上稍帶，左臂下落與肩平；接著以右腳跟、左腳前掌為軸向右碾步轉體；同時，右手俯握劍，使劍向右下截，力點在劍身前部（小指側刃），劍尖向前下方（北斜

圖3-77

圖3-78

圖3-78附圖

下），與右膝同高，左手劍指變掌，在右手下準備接握劍
柄；眼看劍尖方向。（圖3-77、圖3-78、圖3-78附圖）

圖3-79

2. 左弓步削

左腳向左上步（腳跟先著地），重心左移成左弓步，
上體微左轉；同時，左手仰握劍，使劍向上、向左斜削，
力點在劍身前部（拇指側刃），劍尖與頭同高；右手變劍
指，落於右胯側，手心向下；眼隨視劍尖方向。（圖
3-79）

3. 碾步下截（左）

重心稍後移，上體微右轉；左肘微屈，左手仰握劍向
右上稍帶，右臂稍下落；接著以左腳跟、右腳前掌為軸向
左碾步轉體；同時，左手俯握劍，使劍向左下截，力點在
劍身前部（小指側刃），劍尖向前下方（南斜下），與左
膝同高，右手劍指變掌，在左手下準備接握劍柄；眼看劍

圖3-80

圖3-81

尖方向。（圖3-80、圖3-81）

圖3-82

4. 右弓步削

右腳向右上步（腳跟先著地），重心右移成右弓步，上體微右轉；同時，右手仰握劍，使劍向上、向右斜削，力點在劍身前部（拇指側刃），劍尖與頭同高，左手變劍指，落於左胯側，手心向下；眼隨視劍尖方向。（圖3-82）

【要點說明】

①該動作有兩次交接、換握劍柄的手法，要求動作自然、順遂，避免笨拙停頓，影響劍法正常運轉。具體做法是：兩手在動作運轉過程中進行換握劍柄；換握時，兩手張開合住劍柄交接。

②「左右弓步削劍」是模擬東岳太極拳中「野馬分鬃」選編而成的，體現了「劍術是臂的延長」的說法。

圖3-83

二十一、轉身抹劍（風掃梅花）

1. 轉身左帶

上體微左轉，重心稍後移；右手仰握劍，屈臂突腕，使劍向上、向左平帶，劍舉至與頦同高，劍尖向右（稍向西北），左手劍指自然側舉；眼看劍前身方向。（圖3-83）

2. 轉身平抹

右腳外擺，左腳跟提起，兩腿屈膝，重心移向右腿，上體右轉；右手腕內旋成俯握劍，使劍向下、向右抹，左手劍指隨轉體稍下落；接著，左腳向右腳尖前（東北）繞弧扣步，並以右腳前掌爲軸右碾轉身；右手俯握劍，使劍

圖3-84   圖3-85

與胸同高，繼續向右平抹，同時左手劍指變掌，扣握護手
盤上接劍；眼隨視劍前身。（圖3-84、圖3-85）

【要點說明】

①1、2動握劍法爲仰握變俯握，使劍法帶抹，這實際
上是手腕的翻轉帶動劍法的運轉，充分體現了太極拳的
「折疊」手法在劍術上的運用。

②帶劍、平抹要做到以身帶臂，以臂帶劍，動作要連
貫柔和，步法穩健。

③2動向右擺扣步轉身平抹，使劍置左胸前，眼看左
方（劍前身），使身體產生一股撐勁，爲下一動作（轉身
擺腳）做好蓄勁準備。

圖3-86

二十二、轉身擺腳（風擺蓮花）

左手接劍持之臂後，重心全部移至左腿，身體右轉（胸向南），右腳向前、向上、向右勾腳尖擺起；同時，右手向右、向上、向左在臉前迎擊右腳腳面外側，左手持劍臂側舉；眼看右腳方向。（圖3-86）

【要點說明】

① 該動作是借助前動作的擰身蓄勁來完成的，所以和前動作銜接要連貫、勁整，一氣呵成，不得間歇鬆散。

② 擺腳時，上體要正，腿要自然伸直，支撐腳要抓地站穩，擊拍準確。中老年人腿部韌帶不好，擺腿高度可自行掌握。

③ 擺腿動作要注意鞋底過平、地滑，嚴防鬆懈後仰。

圖3-87　　　　　　　　圖3-88

二十三、馬步撐劍（勒馬勢）

1. 落腳舉臂

右腳向後落步，重心在左腿並屈膝成左弓步；左手持劍，右手變劍指，兩臂向前合舉，與肩同高，兩手心均向下；眼看兩手方向。（圖3-87）

2. 轉身擺臂

重心移向右腿並屈膝，上體右轉；同時，兩臂向下、向右、向上弧形擺舉，左手內旋，持劍屈肘至胸前，右手外旋，劍指舉至與肩同高；眼看右手劍指方向。（圖3-88）

圖3-89

3. 馬步撐劍

　　兩腿屈蹲成半馬步（重心偏右腿），上體左轉；同時，右劍指附於左腕內側，兩臂同時屈臂外撐，將左手劍推出，橫於胸前，劍尖向左後方（東），兩手心均向外；眼看手的方向。（圖3-89）。

　　【要點說明】

　　1、2動均是為3動造勢服務，故重心轉移動作要連貫，意氣飽滿。

　　3動定式時，要含胸拔背，斂臀坐胯，虛領頂勁，氣沉丹田，立身中正，兩臂圓撐，開胯圓襠，兩腿支撐八面，有坐山勒馬之氣勢。

圖3-90　　　　　　　　圖3-91

二十四、虛步栽劍（山峰栽松）

上體微右轉；左手持劍、右手劍指隨兩臂分別向左下、右上弧形伸展；接著上體再左轉（胸向南），左腳尖外擺，重心移至左腿並屈膝，右腳向前上步，腳尖點地成右虛步；同時，左手持劍繼續向左、向上、向右、向下繞弧，屈肘內旋屈腕，使劍下栽直立於腹前，劍尖向上，左手心向左，右手劍指外旋，繼續向右、向下、向前繞弧至腹前與左手相合（右手小指側與左手背相觸），手心斜向上，指尖向前下方；眼隨視右手劍指。（圖3-90、圖3-91）

圖3-92

【要點說明】

① 該動作兩手運轉的路線，是在體前分別向不同方向畫立圓，並在體前相合，動作要連貫、圓活。兩手相合與右腳上成虛步要協調一致。

② 左手持劍在腹前下栽，如栽拳之意，力點在劍首部。

二十五、收勢（頂天立地）

1. 提膝舉臂

重心全部移至左腿，右腿屈膝上提，右腳尖自然下垂；兩臂向前平舉，同肩寬、與肩平，左手劍身輕貼前臂下，右手劍指指尖向前，手心向下；眼看兩手方向。（圖3-92）

圖3-93

2. 踏腳沉肘

右腳向左腳內側落地下踏，兩腿屈膝微蹲，兩腳相距與肩同寬；同時，兩肘微屈下沉，左手劍與右手劍指按落與腹同高，劍身離開前臂平置左腰側，劍尖向後；眼顧兩手。（圖3-93）

3. 併步持劍

兩腿慢慢伸起，自然開立；同時，右手劍指、左手持劍，隨兩臂緩緩垂落於身體兩側，兩肘微外展；接著左腳向右腳併攏，右劍指變掌，身體自然直立，還原成預備勢；眼看前方。（圖3-94、圖3-95）

圖3-94　　　　　　　　圖3-95

【要點說明】

　　右腳落地下踏時，要注意左腿應先屈膝鬆胯，重心先在左腿上，踏腳後，重心再移至兩腳之間。右腳也可慢慢落地，不做踏腳動作。

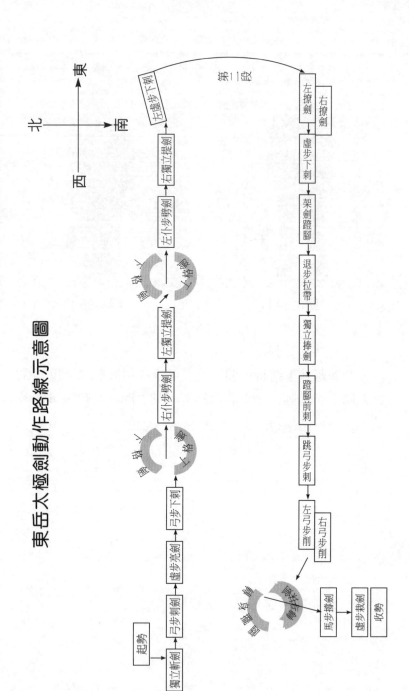

東岳太極劍動作路線示意圖

北 南 西 東

第一段 起勢 獨立斬劍 弓步刺劍 虛步亮劍 弓步下刺 右仆步劈劍 左獨立提劍 左仆步劈劍 右獨立提劍 左虛步下刺

圖路上 上格攔 圖路上 上格攔

第二段 左撩劍 右撩劍 虛步下刺 架劍蹬腳 退步拉帶 獨立捧劍 蹬腳前刺 跳弓步刺 左弓步削 右弓步削 馬步撐劍 虛步栽劍 收勢

轉身回環

第四章

東岳太極刀

第一節　東岳太極刀簡介

一、刀的套路創編

國家爲了全民健身，普及太極拳運動，在太極器械方面首先編製推出32式太極劍技術套路，在海內外得到廣泛開展，對健身起到積極作用。

我們在學校、國內外推廣太極拳、劍教學過程中，經常聽到學員和太極拳愛好者反映，特別是日本學生強烈提出要求，希望創編一套易學易練、易於普及的「太極刀」，增添群眾性太極拳鍛鍊內容。

我們將這一倡議納入到創編「東岳太極拳、械」系列中。這套東岳太極刀（29勢）在2003年已編成，經教學、交流演示，幾經修正，最終定稿。

刀的套路動作是精選陳、楊、吳式太極刀的典型技術動作，並融合其他傳統武術刀法（六合刀、梅花刀、少林刀、金背鏢刀），按照太極拳運動規律、套路編排原則和單刀的技擊特點編製而成的。

二、刀的技術特點

（1）刀法技術全面，突出擊法，動作規範，技理清楚。

（2）套路結構嚴謹，動作銜接連貫合順，套路佈局勻稱合理。

（3）東岳太極刀柔中寓剛，精神內斂，行功泰然，慢中顯巧，人文內涵較突出。

（4）每個刀法動作都有技擊目標，能顯露出尚武神韻，動作的傳統化名（意名）能受到民族人文教育，如「樵夫砍柴、搖櫓催舟、卞和獻寶」等。

第二節　東岳太極刀的技法

一、刀的握法

（1）正握刀：右手握刀柄，平舉刀，刀刃向下，刀背向上，虎口朝刀背側握刀。

（2）反握刀：右手握刀柄，平舉刀，刀刃向上，刀背向下，虎口朝刀背側握刀。

（3）仰握刀：右手握刀柄，平舉刀，刀刃向左，手心向上。

（4）俯握刀：右手握刀柄，平舉刀，刀刃向右，手心向下。

二、刀的基本技法

（1）纏頭：右手握刀柄，使刀身豎立，刀尖下垂，刀背沿左肩貼背經右肩繞頭部運動。

（2）裹腦：右手握刀柄，使刀身豎立，刀尖下垂，右臂屈肘外旋再內旋，使刀背沿右肩貼背經過左肩繞頭部運動。

（3）劈：以刀刃爲力點，刀身由上向下揮落，前臂與刀成一條直線。

（4）砍：刀向右（左）下方斜劈。

（5）截：刀刃斜向上或斜向下攔擊，力達刀刃前部。

（6）紮：刀刃朝下、朝上或朝左，刀尖向前直刺，力達刀尖，前臂與刀成一條直線。

（7）撩：以刀刃爲力點，由下向前上斜著挑動刀身。正撩時，右手握刀，臂外旋，手心朝上，沿身體右側貼身弧形撩出；反撩時，沿身體左側弧形撩出。

（8）掛：刀尖由前向上、向後或是由前向下、向後，沿體側弧形運動，力點在刀背前部。

（9）斬：平刀向左或右橫砍，力達刀刃，高不過頭，低不過肩。

（10）雲：刀在頭前上方平圓繞動。

（11）帶：刀尖朝前，刀刃朝左（右），由前向側後抽拉，力達刀刃或刀背。

（12）格：刀尖朝下（上），刀身豎直，向左或向右擺擋。

（13）推：刀尖斜朝下，刀刃斜朝前，握刀向前推出爲斜推刀；刀尖朝左（右），刀刃朝前爲平推刀。

（14）攔：以刀刃爲力點，由左向前、向右，或由右向前、向左斜刀格擋。

（15）削：右手仰握刀，以刀背前端刀鋒爲力點，由身體異側下方向同側上方揮擊。

第三節 刀的結構和禮儀

一、刀體結構

練習「東岳太極刀」，選用的刀形是傳統楊式、吳式太極拳經常採用的刀形。為鍛鍊、練習輕便，刀體用料由合金鋁製成。

長度為：左臂伸直，左手握刀護手部，抱刀立貼於左臂前，刀尖向上，達至耳部上緣。若在市場上購買，可根據自身條件選擇適當型號。刀體結構見下圖：

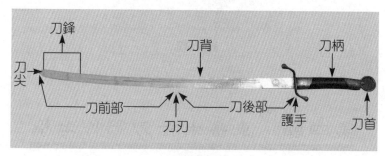

刀體結構

二、刀的禮儀

練習起勢前或收勢後，均應用抱刀禮。其方法是：

身體併步直立，左手抱刀，屈臂，使刀身斜橫於胸前，刀背貼附於前臂上，刀刃向上；右臂屈肘於胸前，右手四指伸直併攏，拇指屈攏成斜側立掌，以掌小指根部附

於左手腕內側（刀身後部裡側），兩手腕部與喉部同高，相距約30公分，兩臂外撐，肘略低於手，目視受禮者。見下圖。

抱刀禮

第四節　東岳太極刀動作名稱

預備勢（無極勢）

第一段

一、起勢（太極勢）

　1. 抱刀開步

　2. 兩臂前舉

　3. 屈蹲落臂

二、虛步抱刀（懷中抱月）

　1. 轉身擺腳

　2. 虛步抱刀

三、架臂踢腳（七星勢）

　1. 弓步挑把

2. 抱刀踢腳

四、虛步亮勢(退步跨虎)

1. 轉身落步

2. 虛步亮掌

五、虛步藏刀（觀戰勢）

1. 進步交刀

2. 弓步劈刀

3. 虛步藏刀

六、弓步絜刀（單鞭勢）

1. 擺步按掌

2. 弓步絜刀

七、左攔刀(左迎風撣塵)

1. 蓋步劈刀

2. 弓步攔刀（左）

八、右攔刀(右迎風撣塵)

1. 蓋步劈刀

2. 弓步攔刀（右）

九、轉身雲砍刀

（樵夫砍柴）

1. 轉身雲刀

2. 弓步砍刀

十、弓步斜削（斜飛勢）

十一、弓步推刀(推山勢)

1. 收腳劈刀

2. 弓步推刀

十二、左右掛刀（車輪刀）

1. 轉體左掛

2. 轉體右掛

十三、弓步反絜刀

（白鶴亮翅）

1. 上步立刀

2. 弓步反絜

第二段

十四、弓步藏刀

（夜戰八方）

1. 扣腳捌刀

2. 轉身撤刀

3. 弓步藏刀

十五、纏頭斬刀

（白猿獻果）

1. 上步纏頭

2. 蓋步斬刀

十六、絜刀掤推

（穿梭引線）

1. 提腳帶刀

2. 弓步絜刀

3. 提步收刀

4. 弓步掤刀

十七、弓步藏刀

（夜戰八方）

1. 扣腳捌刀

197

圖4-1

第五節　東岳太極刀動作圖解

預備勢（無極勢）

兩腳併攏，身體直立；左手中、食指挾握刀柄，拇指按於護手上部，左臂下垂，左手臂抱刀於體左側，刀身豎立，刀刃朝前，右手心向裡，右手指尖輕貼大腿側；目視前方。（圖4-1）

【要點】頭部虛領頂勁，下頜微收，豎項，肩臂鬆垂，斂臀收腹，兩腿自然直立，兩膝微屈，腳趾抓地。

圖4-2

第一段

一、起勢（太極勢）

1. 抱刀開步

左腳向左開步，兩腳相距與肩同寬，腳尖向前，重心在兩腳之間；兩臂稍外展，兩手離開大腿；目視前方。（圖4-2）

【要點】左腳向左開步時，腳跟先提起，腳尖後離地，然後腳尖先著地，全腳再踏實。

2. 兩臂前舉

左臂托刀，同時兩臂徐徐向前、向上舉起，腕至與肩

圖4-3　　　　　　　　圖4-4

平，右手成掌，兩手心向上，刀身貼於前臂上，刀刃向
外；目視前方。（圖4-3）

【要點】兩手臂徐徐向上舉，同時，邊上舉邊外旋至
手心翻向上。腕與肩平齊後，兩肘微屈，肘尖垂向地面。

3. 屈蹲落臂

屈膝下蹲；左臂托刀，同時兩臂徐徐下落屈肘於腹
前，左臂內旋，左手拇指側翻向上，使刀背貼於前臂上，
刀刃向上，右手臂內旋，手心翻向下；目視前下方。（圖
4-4）

【要點】兩手臂下落時，要邊落邊內旋，並與屈蹲同
步。下蹲時，上體中正，斂臀坐胯，膝與腳相對，兩肘與
兩膝上下相對。要避免上體前俯後仰、左右偏斜、突臀、
腆腹、向前跪膝。

圖4-5　　　　　　　　　　　圖4-6

二、虛步抱刀（懷中抱月）

1.轉身擺腳

右腳外擺，上體右轉（胸向西南），重心移向左腿並屈膝；同時，左手托刀向上、向右橫舉於胸部左前方，手心向上，右臂屈肘，右掌收於右腰間，掌心向上；眼看左手。（圖4-5）

2.虛步抱刀

接上動。重心移至右腿並屈膝，左腳向前（南）上步，腳跟著地成虛步；同時，左臂屈肘，左手刀向右橫抱於胸前，刀尖向左，刀刃向上，右手向下、向右、向上畫弧架掌於頭右後上方，掌心向外，右臂撐圓；眼隨視右手

圖4-7

再平視左前方（南）。（圖4-6）

【要點】轉身與左右轉換重心要連貫，一氣呵成，斂臀坐胯，上體端正。

三、架臂踢腳（七星勢）

1. 弓步挑把

上體微左轉，重心移向左腿，成左弓步；同時，左臂伸展，使左手刀柄向下、向左、向上畫弧上挑，舉於左肩前，左手拇指側向上，刀刃向上，右手向右、向下至胯右後方，手心向下；眼看左手方向。（圖4-7）

【要點】重心前移時，要隨左手刀柄運動而向前移成弓步。

【用意】手持刀柄的運動是挑擊法，對方的襠部至下

圖4-8

頜部，均爲挑擊目標。

2. 抱刀踢腳

左腳尖稍外擺，重心全部移至左腿並屈膝，右腿提起，由屈到伸，右腳沿地面向前彈踢，腳面繃平，力點在腳尖；同時，左臂屈肘橫抱刀，使刀柄在胸前，手心向裡，右臂屈肘，右手經腰握拳向前上緩緩衝出，貼至左手腕外側，拳心向外；眼看前方。（圖4-8）

【要點】兩手與右腳同時到位完成定式動作。踢腳，也可做成右虛步。

【用意】設想對方迎面向我擊來，我以刀柄向右格擋，同時右手擊其下頦，右腳彈踢其小腿脛骨。兩手也可以起到上架的作用。

圖4-9

四、虛步亮勢（退步跨虎）

1. 轉身落步

身體左轉，右腳向右（西）落步，左腿屈膝，重心移向左腿；右拳變掌，兩手合住向左、向下沉按至左膝上方；眼看兩手。（圖4-9）

【要點】在轉體重心左移時，左腳前腳掌可以向左碾動。

【用意】設想對方從左方用槍紮我胸部，我兩手向下按擋。

2. 虛步亮掌

重心繼續移至右腿，左腳後撤成左虛步；左手刀柄向

<table>
<tr><td>圖4-10</td><td>圖4-11</td></tr>
</table>

左掛，隨之左臂向上舉，高與肩平，左手拇指側向上，刀仍托在前臂上，刀刃向上，同時，右手臂向右上架至頭右上方，臂微屈，掌心斜向上；眼看前方（東）。（圖4-10）

【要點】成虛步、架掌、舉臂要同時完成。此勢是仿太極拳中「退步跨虎」之勢。

【用意】此動作接前動作，以刀柄向左掛開對方槍械。

五、虛步藏刀（觀戰勢）

1. 進步交刀

左腳向前進半步，重心稍前移；左臂刀向前、向右舉於胸前，刀刃向上，右手向前、向下握住刀柄，左手放開護手，扶按刀柄首部位；眼看兩手。（圖4-11）

圖4-12

【要點】在重心前移、左腳進步過程中，左手交給右手握刀柄，動作要和諧緊湊。此動爲交刀勢。

2. 弓步劈刀

重心前移，成左弓步；同時，左手向下、向後、向上搬壓刀柄，右手握刀，以右手腕爲軸，使刀向上、向前、向下平劈，兩臂微屈，舉於胸前；眼看刀尖方向。（圖4-12）。

【要點】此動作要連接上一動，一氣呵成。

【用意】刀劈對方頭部。

3. 虛步藏刀

重心後移至右腿並屈蹲，隨之左腳尖內扣，腳尖點地活步，成左虛步；同時，右手握刀向後抽拉，將刀身斜置

圖4-13

圖4-14

於右胯側，刀尖向前下方，左手成掌，隨抽刀向後、向上、向前弧形立掌推出，指尖與鼻同高，兩臂微屈；眼隨視左掌。（圖4-13、圖4-14）。

【要點】虛步藏刀爲定式動作，與上動銜接要連貫。左掌運行路線是在體前畫一橢圓形立圓。眼隨視左掌，術語講「雙刀看走，單刀看配手」，說明左手與刀的運動要配合協調。

【用意】此勢是提起精神觀察對方動靜，待機而動，即所謂「閃展騰挪意氣揚」。

六、弓步犁刀（單鞭勢）

1. 擺腳按掌

左腳向前進半步，腳尖外擺，重心移向左腿；左手橫

圖4-15

掌下按於左膝上方，掌心向下，指尖向右。眼看左手。
（圖4-15）

2. 弓步紮刀

　　上動不停。左掌經左膝上變勾，向左摟舉至左方偏
前，腕與肩同高，左臂微屈；右腳向前上步成弓步；同
時，右手正握刀向前紮出，刀尖向前，與胸同高，力點在
刀尖，右臂微屈；眼看刀尖方向。（圖4-16）

　　【要點】以上兩個分動要連貫，一氣呵成。
　　【用意】設想對方用槍紮我腹部，我左手向左摟開其
槍，上右步，以刀紮其胸部。

圖4-16

七、左攔刀（左迎風撣塵）

1. 蓋步劈刀

重心稍移向左腿，右腳抬起回收，隨即腳尖外擺，向左前蓋步，重心再移向右腿並屈膝，左腿微屈，腳跟抬起，隨之上體右轉；右手握刀，使刀向上揮起，向右後（西南）下劈，刀尖斜向上，右手至胯旁；左勾變掌，向上、向右、向下擺至右腋前，掌心斜向下；眼隨視刀前身方向。（圖4-17）

圖4-17

圖4-18

2. 弓步攔刀（左）

上動不停。左腳向左（東偏北）上成弓步，同時上體左轉；右手握刀，使刀向下、向左前、向上攔出，刀身斜置體前，右臂外旋，右手握刀柄至額左前，刀尖朝右前下方，與右胯相對，刀刃向外，力點在刀身，左掌向下、向左、向上架於頭左上方，掌心向外，左臂微屈；眼隨視刀前身方向。（圖4-18）

【要點】1、2分動要連貫完成。右腳向左跨步，左腳向左上成弓步時，均要求腳跟先著地，重心逐漸移向全腳掌。

【用意】攔擋對方向我腹部紮來之槍，可隨之順其槍桿滑進傷其前手，卸掉其槍。

圖4-19

八、右攔刀（右迎風撣塵）

1. 蓋步劈刀

　　重心稍移向右腿，左腳抬起向右蓋步，腳尖外擺，重心再移向左腿並屈膝，右腿微屈，右腳跟抬起，隨之上體左轉；右手握刀，使刀向上揮起，向左（西北）下劈，刀尖斜向上，右手至左胯旁，左掌向下按至右手腕上；眼看刀前身方向。（圖4-19）

2. 弓步攔刀（右）

　　上動不停。右腳向右（東南）上成右弓步，同時上體右轉；右手握刀，使刀向下、向右前、向上攔出，刀身斜置體前，右臂內旋，右手握刀柄至額右前，刀尖朝左前下

圖4-20

方，與左胯相對，刀刃向外，力點在刀身，左掌仍扶於右手腕上；眼看刀前身。（圖4-20）

【要點】同弓步攔刀（左），唯方向相反，動作對稱。

【用意】同弓步攔刀（左）。

九、轉身雲砍刀（樵夫砍柴）

1. 轉身雲刀

重心稍移向左腿，右腳內扣，上體左轉；右手握刀，使刀向左橫舉於額前，刀刃向上，刀尖向左；上體繼續左轉，重心偏向右腿並屈膝，左腳外擺；同時，右手握刀，以腕爲軸外旋，使刀經額前上方向左、向後、向右外旋，再向下繞舉至右胯側，刀刃朝前，左掌離開右手腕，向

圖4-21

圖4-22

左、向下落至左胯側前方，掌心向前；眼隨視刀前身方
向。（圖4-21、圖4-22）

圖4-23

2. 弓步砍刀

上動不停。重心移向左腿，成左弓步，同時上體左轉；右手握刀向前、向下、向左（西北）砍出，刀尖與左膝同高，刀刃斜向左，力點在刀前身刃部，左掌向前、向右附於刀柄左側，稍加力；眼隨視刀尖方向。（圖4-23）

【要點】1、2動要連貫完成。右手握刀，以腕爲軸，刀按順時針在頭前上方繞一個斜圓；同時，兩手分別由上向左右、向下、向前相合，在體前繞一個斜圓。如此體悟兩手由合到開、由開到合，才能使刀的動作做得連貫圓活。

【用意】當對方以槍紮我頭（額部）時，我用刀向上掛擋開其槍，近身砍其腿。

圖4-24

十、弓步斜削（斜飛勢）

重心逐漸移向右腿，左腿以腳跟爲軸內扣，右腳以右腳跟爲軸外擺，身體右後轉，胸朝東稍偏向北，成右弓步（斜向東南）；同時右手仰握刀，使刀向右、向上斜削，以刀前拇指側前端刃爲力點，右臂微屈，刀身斜向上，刀尖與頭同高，指向東南，左臂左掌分展至左胯側，掌心向下；眼隨視刀前身方向。（圖4-24）

【要點】

① 身體右後轉時，左右腳扣、擺動作要依次完成。上體中正，向下沉勁。

② 此動作與前動作（轉身雲砍刀）連起來可體悟爲「左顧右盼兩分張」的動律。

【用意】對方用槍由後向我背部紮來時，我以刀背擊

圖4-25

圖4-25附圖

開其槍，順勢以刀背前端刀擊其頭部。

十一、弓步推刀（推山勢）

1. 收腳劈刀

　　重心移至左腿，並屈膝，右腳回收至左腳內側，腳尖向東，右腿屈膝，同時，上體左轉；右手握刀，使刀向左後（西）揮劈，左掌附於刀後身刀背上，刀尖斜向上；眼隨視刀前身方向。（圖4-25、圖4-25附圖）

2. 弓步推刀

　　右腳外擺，上體右轉，隨之左腳向前（東）上步，重心再移向左腿成弓步；同時，隨轉體兩手將刀向前、向左上推架，右手至額右上方，左手與胸同高，使刀身斜立於

圖4-26　　　　　　　圖4-27

身體左前側，刀刃向外，力點在刀身刃部；眼隨視刀前身。（圖4-26、圖4-27）

【要點】1、2兩動要連貫完成。左腳上成弓步的過程中，要腳跟先著地，逐漸全腳踏實。

【用意】對方用槍向我頭部紮來，我立刀向左格掛，其抽槍紮我腹部，我刀貼槍桿左側推去，割其前手，卸掉其槍。

十二、左右掛刀（車輪刀）

1. 轉體左掛

左腳以腳跟為軸外擺，右腳跟進，腳跟抬起，上體左轉；右手握刀，以刀前身背部為力點，由前向下左掛，左掌附於刀後身背部；眼隨視刀前身。（圖4-28）

圖4-28

圖4-29

2. 轉體右掛

　　重心全部移至左腿，右腳向前抬起外擺，接著落地蓋步，上體右轉180°（胸向南）；右手握刀外旋，使刀向上、向右、向下掛，力點在刀前身背部，刀身置於身體右側，刀尖向右（西），左手先附於刀首部，再置在肘內側；眼隨視刀前身方向。（圖4-29、圖4-30）

圖4-30

　　【要點】1、2動作左右掛刀要連貫。刀要隨體轉左右

圖4-31

畫立圓，身械要協調。

【用意】對方用槍紮我左腿，我以刀向左掛擋；其抽槍紮我右下部，我以刀向右掛擋。

十三、弓步反紮刀（白鶴亮翅）

1. 上步立刀

重心移向右腿並屈膝，左腳抬起向左（東）上步，腳跟著地；右手握刀坐腕，使刀由右向上立起，左掌置於右腋前；眼隨視刀前身。（圖4-31）

2. 弓步反紮

重心移向左腿並屈膝，成左弓步，上體微左轉；左掌弧形向左前推出成立掌，同時，右臂向上舉，微屈，右手

圖4-32

握刀，使刀尖向左（東）反紮，將刀舉架在頭的右上方；
眼隨視刀尖方向。（圖4-32）

【要點】1、2兩動要連貫、均勻。刀隨弓步反紮要協
調一致。

【用意】右手持刀，反紮對方的頭部。

第二段

十四、弓步藏刀（夜戰八方）

1. 扣腳掤刀

重心移向右腿並屈膝，右腳腳尖外擺，左腳內扣，同
時上體右轉；隨之，左臂屈肘於左胸前，掌心向下，掌指

圖4-33　　　　　　　　　　圖4-34

朝前，右手握刀，刀隨轉體下落至左前臂上，刀刃向上，刀尖朝身體左後下方；眼看刀尖方向。（圖4-33）

2. 轉身撇刀

　　身體重心全部移至左腿並微屈，右腿屈膝提起，向右前落步，同時身體右轉；右手握刀，左掌背貼刀背，刀尖斜向上；眼看刀身前方。（圖4-34、圖4-35）

3. 弓步藏刀

　　上動不停。右腳尖下落，全腳掌踏實，重心前移，右腿屈膝成右弓步，同時，上體繼續右轉；隨之右手握刀，向下、向後拉於右胯外側，刀刃朝下，刀尖向前下方，左手內旋成立掌，向右前方推出，掌心朝右前；頭左轉，眼看左前方向。（圖4-36）

圖4-35　　　　　　　圖4-36

【要點】1、2、3三個分動要連貫完成，定式時撐腰轉頭、右手握刀於右胯側，要協調一致。

【用意】對方以槍由後向我右肩紮來，我右後轉，提膝閃身，落步用刀格攔其槍（參見圖4-33～圖4-35）。弓步藏刀勢（參見圖4-36），傳統術語為「夜戰八方藏刀勢」，夜戰時，將刀藏於身後，不見刀影，瞭敵待戰。

十五、纏頭斬刀（白猿獻果）

1. 上步纏頭

身體重心全部移至右腿並屈膝，左腳回收，經右腳內側向左前（西南）上步成弓步，同時身體左轉；左臂屈肘內旋，掌心向下，右手握刀，屈肘內旋提刀，使刀身豎起，向左上經面部、左臂外側、腦後繞至右肩後，左臂伸

圖4-37

圖4-38

展，左掌向左前有抓握之意；眼看左手。（圖4-37、圖
4-38）

圖4-39

2. 蓋步斬刀

　　右腳腳尖外擺，向前上步；同時，右手握刀外旋，手心向上，使刀向右、向前、向左平斬，左掌回收，附至刀柄後助力，力點在刀身前部刃，刀尖與胸同高；眼看刀尖方向。（圖4-39）

　　【要點】1、2分動要連貫完成。纏頭時右手坐腕向上提刀，使刀背緊貼左上臂外側和身體背部。斬刀時右臂屈肘，以肘關節爲軸向左斬出。

　　【用意】對方用槍在我體前紮我上部（上盤胸部以上），我以刀格攔其槍，隨刀後左手抓握其槍回拉，以繞腦後刀斬其頭。

圖4-40

十六、紮刀搠推（穿梭引線）

1. 提腳帶刀

身體重心全部移至右腿並微屈，左腳提起至右腳內側踝部，上體右轉；右手內旋俯握刀，屈肘，使刀向右後斜帶，刀刃向外，力點在刀刃，左手附於右腕上；眼隨視刀前部。（圖4-40）

2. 弓步紮刀

左腳向左（西南）上步，腳跟先著地，逐漸全腳踏實，重心移向左腿並屈膝，成左弓步，上體微左轉；右手仰握刀，向左前（西南）伸臂平紮刀，刀尖與胸同高，左臂屈圓，左掌架於額左前上方，掌心向外；眼看刀尖方向。（圖4-41、圖4-42）

圖4-41

圖4-42

圖4-43

【要點】1、2兩動要以腰帶臂，使刀的動作連貫、圓活。俯握刀與仰握刀時，刀刃、刀背要分清。

【用意】對方用槍向我胸部紮來，我刀順貼其槍桿左側向我右後拉帶，使其槍紮空，我順勢卸掉其槍，以刀紮其胸。

3. 提步收刀

重心全部移至右腿，左腿屈膝提起；同時，左手臂向左、向下落，垂於上體左前方，臂微屈，掌背向前，右手握刀，屈臂使刀向上、向後掛，落於左前臂上，刀刃向外，刀尖斜向下；眼隨視刀身。（圖4-43）

4. 弓步捌刀

左腳向前（西南）落成左弓步，腳跟先著地；同時，

圖4-44　　　　　　　　圖4-45

右手握刀，左臂微屈，將刀斜橫向前搠出，刀刃仍向外，刀尖向左下；眼看刀身方向。（圖4-44）

【要點】完整動作體現身法的吞吐。步法的提落、刀法的往返運轉要連貫圓活，協調一致。

【用意】當對方從體前以槍紮我頭，我用刀從左上方掛開其槍，隨即向前割其肋部。套路練習形式用臂搠刀，顯得動作圓活，實則用左手推刀也可。

十七、弓步藏刀（夜戰八方）

1. 扣腳搠刀

重心移至右腿並屈膝，左腳內扣，上體右轉；左前臂向上搠架刀背部。（圖4-45）

圖4-46　　　　　　　　　圖4-47

2. 轉身撇刀

　　接著重心全部移至左腿，右腿提起，上體繼續右轉；右手握刀，向上、向右畫弧，將刀斜立於右膝外側上方，左掌背貼壓於刀背（刀中部）；眼看左手。（圖4-46）

3. 弓步藏刀

　　上動不停。右腳向右前（東南）方落成右弓步，上體右轉；隨轉體右手握刀，向後抽拉至右胯旁，刀身置於右大腿外側，刀尖朝斜下方，左前臂內旋，掌向左前方（東）立掌推出，臂微屈，手尖與鼻同高；眼平視左前方（東北）。（圖4-47）

　　【要點】同十四勢2、3分動。

　　【用意】同前藏刀勢。

| 圖4-48 | 圖4-49 |

十八、纏頭斬刀（白猿獻果）

1. 上步纏頭

身體重心全部移至右腿並微屈，左腳回收，經右腳內側向左前（東北）上步成左弓步，同時，身體左轉；左臂屈肘內旋，掌心向下，右手握刀，屈肘內旋提刀，使刀身豎起，向左上經面前、左臂外側、腦後繞至右肩後，左臂伸展，左掌向左前有抓握之意；眼看左手。（圖4-48、圖4-49）

2. 蓋步斬刀

右腳腳尖外擺，向前上步；同時，右手握刀外旋，手心向上，使刀向右、向前、向左平斬，左掌回收附至刀柄

圖4-50

圖4-51

後助力，力點在刀身前部刃，刀尖與胸同高；眼看刀尖方向。（圖4-50）

【要點】1、2分動連貫完成。纏頭時，右手坐腕向上提刀，使刀背緊貼左上臂和身體背部。斬刀時，右臂屈肘，以肘關節爲軸向左斬出。

【用意】對方用槍在我體前紮我上部（上盤胸部以上），我以刀格攔其槍，隨刀後左手抓握其槍回拉，以繞腦後刀斬其頭。

十九、紮刀搠推（穿梭引線）

1. 提腳帶刀

身體重心全部移至右腿並微屈，左腳提起至右腳內側踝部，上體右轉，右手內旋俯握刀，屈肘，使刀向右後斜

圖4-52　　　　　　　　　圖4-53

帶，刀刃向外，力點在刀刃，左手附於右腕上；眼隨視刀
前部。（圖4-51）

2. 弓步紮刀

　　左腳向左（東北）上步，腳跟先著地，逐漸全腳踏
實，重心移向左腿並屈膝，成左弓步，上體微左轉；右手
仰握刀，向左前（東北）伸臂紮刀，刀尖與胸同高，左臂
屈圓，左掌架於額左前上方，掌心向外；眼看刀尖方向。
（圖4-52、圖4-53）

　　【要點】1、2兩動要以腰帶臂，使刀的動作連貫、圓
活。俯握刀與仰握刀時，刀刃、刀背要分清。

　　【用意】對方用槍向我胸部紮來，我刀順貼槍桿左側
向我右後拉帶，使其槍紮空，我順勢卸掉其槍，以刀紮其
胸。

233

圖4-54

圖4-55

3. 提步收刀

重心全部移至右腿，左腿屈膝提起；同時，左手臂向左、向下落，垂於上體左前方，臂微屈，掌背向前，右手握刀，屈臂使刀向上、向後掛，落於左前臂上，刀刃向外，刀尖向左下；眼隨視刀身。（圖4-54）

4. 弓步掤刀

左腳向前（東北），落成左弓步（腳跟先著地）；同時，右手握刀，左臂微屈，將刀斜橫向前掤出，刀刃仍向外，刀尖向左下；眼看刀身方向。（圖4-55）

【要點】完整動作體現身法的吞吐。步法的提落、刀法的往返運轉要連貫圓活，協調一致。

圖4-56　　　　　　圖4-57

【用意】對方從體前以槍紮我頭，我用刀從左上方掛開其槍，隨即向前割其肋部。套路練習形式用臂搠刀，顯得動作圓活，實則用左手推刀也可以。

二十、左右撥刀（撥草尋蛇）

1. 丁步後撥刀

重心移向右腿並屈膝，左腳內扣；右手握刀外旋，使刀身垂立，刀刃向後，刀柄繞至右腕內側，左手心翻向上，小指側貼刀身背部；接著左腳收至右腳內側成丁步；左手內旋，使手心扣附於刀背，同時右手握刀外旋，鬆握刀柄，按順時針方向向右、向左後繞至左膝外側，刀刃向後，刀尖向下；眼隨視刀身。（圖4-56、圖4-57）

圖4-58　　　　　　　圖4-59

2. 丁步前撥刀

　　重心移至左腿並屈膝，右腳向右後撤步，同時，兩手使刀向右立刀弧形繞於體前，刀背仍朝體前，眼看刀下部；重心移向右腿，左腳收於右腳側，前腳掌著地成左丁步；同時，右手握刀內旋，刀柄繞至右腕外側，使刀向前、向左立刀繞環，立於左膝左前側，左掌虎口貼刀背，刀刃朝向左前方；眼看刀下方。（圖4-58、圖4-59）

　　【要點】步法要輕靈、敏捷。左右撥刀時，刀要豎直，分清刀背和刀刃。右手握刀要提腕，旋轉時，要使刀柄在腕部繞旋。

　　【用意】對方用槍紮我小腿，我用刀身將其撥開。

圖4-60

圖4-61

二十一、左右推刀（搖櫓催舟）

1. 弓步推刀

右腳稍內扣，重心移向右腿，左腳向前上步，腳跟著地；兩手將刀橫於胸前；不停，重心前移成左弓步；兩手將刀向前推出，刀刃朝前；眼看刀身方向。（圖4-60、圖4-61）

2. 提膝撥刀

重心移向右腿，屈膝，左腳內扣，重心再移向左腿，上體右轉；右手握刀向下、向左，左手向上、向右使刀身向右撥動立起；不停，重心全部移向左腿，右腿提膝成左獨立，上體繼續右轉，胸朝西南；右手握刀至左腹部，左

圖4-62   圖4-63

掌扶刀向右、向下、向左撥動，虎口貼刀背，將刀斜置於左
胯側，刀刃向下；眼看前方（西）。（圖4-62、圖4-63）

3. 弓步推刀

右腳向前落步，接著左腳向前上成弓步；隨著身體右
轉，兩手使刀向左前方斜立推出，刀刃朝前，兩臂微屈，
右手握刀架於額右上方；眼看刀身方向。（圖4-64、圖
4-65）

4. 提膝後劈

重心移向右腿並屈膝，上體右轉；右手握刀向右後劈
出，眼看刀尖；不停，左腿提起成右獨立；右手握刀，斜
舉於身體右後方，左手掌立於右胸前；眼看左前方（正
西）。（圖4-66、圖4-67）

圖4-64

圖4-65

圖4-66

圖4-67

5. 弓步推刀

左腳向前落步，接著右腳向前上步成右弓步；同時，右手握刀，由下向前、向上撩推刀，右臂微屈，手心朝上，右手與肩同高，刀刃朝上，刀尖稍向下，左掌隨左臂向下、向左、向上、向後舉於左前側，高與肩平，掌心朝外；眼看刀前方。（圖4-68、圖4-69）

【要點】1分動爲逆水推舟；2分動爲搖櫓；3分動爲催舟；4、5分動爲順水推舟。

【用意】催舟、推舟均爲對方用中平槍紮來，我以刀順其槍桿割其手，卸掉其槍。

圖4-68

圖4-69

圖4-70　　　　　　　　圖4-71

二十二、提膝截刀（獨立單展翅）

1. 裹腦刀

左腳外擺、右腳內扣，重心移向左腿並屈膝，上體左轉；右手屈臂、提腕，使刀豎立，經右肩、頭後繞至左肩，刀刃朝外，左臂屈肘，立掌於右腋下。（圖4-70、圖4-71）

2. 提膝下截

重心全部移至左腿，右腿提膝成左獨立；同時，右手握刀向右、向下截刀，刀身斜向下，刀尖朝右下方，刀刃斜向下，左臂屈肘上舉，左掌架於頭左上方，掌心朝外；眼看刀身方向。（圖4-72）

圖4-72

【要點】1、2兩動動作要連貫。裹腦時刀背要貼後背
而過。獨立時要站穩。

【用意】對方用槍械刺我右肩時，我用刀擋開其槍。
其抽槍又紮我右腿，我提膝閃躲，並用刀截擊其槍。

二十三、獨立舉刀（金猴奮棒）

左腳蹬地跳起，向右後轉身180°，右腳落地，左腿提
膝；同時，右手握刀，屈肘外旋，刀柄向上，使刀尖向
下，右臂迅速上舉，刀身立於右背後，刀背貼右背，左臂
微屈肘，左掌收立於右腋前；眼看左前下方。（圖4-73、
圖4-73附圖）

【要點】此動作由右提膝跳起換成左提膝，是換跳
步，由左獨立換成右獨立。動作要輕靈、穩健。

【用意】右臂具有擎天之意，周身體現出一種奮戰的

图4-73　　　　　　　　　　图4-73附图

氣勢。

二十四、弓步劈刀（劈山勢）

右腿緩緩屈膝，左腳向左前落地成左弓步；同時，右手握刀，使刀由上向下、向左前方劈出，刀置於腹前，刀尖稍高，左掌向下摟手，隨後架於頭左上方；眼看刀尖方向。（圖4-74）

【要點】成左弓步時，右支撐腿要緩緩屈膝，隨後左腳跟先著地形成弓步，避免支撐腿尚未屈膝而左腳直接落地，顯得虛實不分，動作生硬。

【用意】左手摟開對方來槍，我順勢上步劈其頭。

圖4-74　　　　　　　圖4-75

二十五、馬步砍刀（樵夫砍柴）

1. 轉身提刀

上體右轉，重心移至右腿並屈膝；右手握刀內旋上提，使刀至體前斜立，刀刃向外，刀尖向左前下方，左手附於右手腕上；眼看刀前身方向。（圖4-75）

2. 繞步纏頭

左腳向左前方弧形外擺上步，隨之重心移向左腿並屈膝，同時，上體微左轉；右手握刀做纏頭動作，左手隨刀後繞舉；眼看左前方。（圖4-76、圖4-77）

圖4-76　　　　　　　　圖4-77

3. 馬步下砍

　　身體左轉，右腳順勢向前上步成右偏馬步，胸朝南；同時，右手握刀，使刀由上向左、向下斜砍，至右膝外側，刀身要平，左手附刀柄後助力；眼看刀身。（圖4-78）

　　【要點】上步纏頭與馬步下砍動作要協調一致。馬步時要屈膝坐胯，不要低頭彎腰。左腳隨動作以前掌為軸碾動。

　　【用意】對方用槍從左側紮我上身，我用纏頭格擋，用左手抓其槍，用刀砍其腿。

二十六、回身捧刀（卞和獻寶）

1. 弓步拉刀

　　重心移向左腿；兩手使刀向左平拉至腹前；眼看刀

圖4-78

圖4-79

身。（圖4-79）

圖4-80

2. 虛步捧刀

身體左轉，右腳內扣，左腳外擺，重心移向右腿並屈膝，左腳尖勾起；同時，兩手使刀向左上撩，右手反握刀柄，左手附於刀柄後部上助力，兩臂屈肘將刀平捧於胸前，刀尖向前，刀刃向上；眼看刀尖方向。（圖4-80、圖4-81）

【要點】1、2兩動動作要連貫完成。撩刀時左手向下、右手向上使刀產生槓桿作用，將刀橫撩起，捧於胸前。

【用意】對方用槍從我左側擊來，我閃身躲開，以刀撩擊對方。

二十七、弓步交刀（鳳還巢）

重心移向左腿成左弓步；右手反握刀向上內旋，左手下按刀柄後部，使刀向上、向後、向下落於左臂上，刀背

圖4-81

圖4-82

貼左臂，隨後左手握刀護手，將刀交於左手，右手附於刀
柄；眼看刀柄方向。（圖4-82）

圖4-83　　　　　　　　圖4-84

【要點】交刀勢，左右兩手要緊貼刀柄完成動作。

【用意】將刀交左手，用刀柄挑擊對方胸部或下頜。

二十八、虛步抱刀（懷中抱月）

1. 碾步轉體

　　右腳外擺，左腳內扣，上體右轉，重心移向右腿並屈膝；左手橫抱刀向右擺舉，右手收於腰間，手心向上。（圖4-83）

2. 虛步抱刀

　　接上動。左腳收起上步於左前方（南）成左虛步，腳尖蹺起；左手橫抱刀貼於胸前，刀尖向南，刀刃向上，右手向下、向後、向上弧形舉於頭右上方；眼先環視右手再

圖4-85　　　　　　　　圖4-86

看刀尖方向。（圖4-84）

【要點】1、2兩動要連貫完成。動作要協調一致。

二十九、收勢（三才勢）

1. 兩臂前舉

重心移向左腿，右腿向前上步，兩腿成屈蹲開步站立；同時，左臂伸展，使左手刀柄向下、向前、向上，右手向後、向下、向前，同時屈臂於體前，與肩同高，手心向上；眼看前方。（圖4-85、圖4-86）

2. 起身落臂

兩腿慢慢伸起自然開立；兩手緩緩垂落，左手抱刀於左體側，手心向裡，右手落於右體側，手心向後；眼看前

圖4-87

圖4-88

方。（圖4-87）

3. 併步抱刀

重心移向右腿，左腳向右腳內側併步，而後重心移至兩腿之間，身體直立；左手抱刀貼於左大腿外側，右手手指尖貼於右大腿外側，兩手心向裡；眼看前方。（圖4-88）

【要點】第1動兩臂前舉與兩腿屈蹲開立要連貫、協調，同時完成。起身落臂時，頭部要向上虛領頂勁，上體正直，兩腳踏實，要有頂天立地之意境。

練習太極刀同練習太極拳一樣，要始終保持主觀意想，要與人文自然界和諧統一，即「天人合一」。

東岳太極刀動作路線示意圖

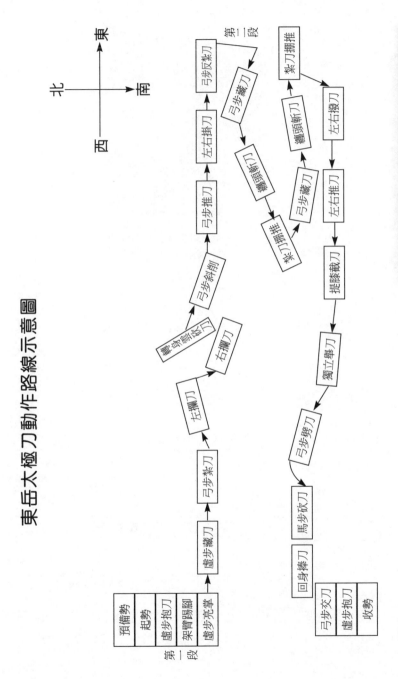

北
西 ← → 南
東

第一段
預備勢
起勢
虛步抱刀
架臂踢腳
虛步亮掌

虛步藏刀 → 弓步紮刀 → 左攔刀 → 右攔刀 → 轉身弓步砍刀 → 弓步斜削 → 弓步推刀 → 左右掛刀 → 弓步反紮刀

第二段

弓步藏刀 → 纏頭斬刀 → 柴刀掤推 → 弓步藏刀 → 纏頭斬刀 → 左右撥刀 → 柴刀掤推

左右推刀 → 提膝截刀 → 獨立舉刀 → 弓步劈刀 → 馬步砍刀 → 回身捧刀

弓步交刀
虛步抱刀
收勢

253

第五章

東岳太極槍

第一節　東岳太極槍簡介

　　在中國北方特別是京津地區，武術界傳統的名槍，流傳較廣的有五虎槍、斷門槍、十三槍等，北京八極拳派中的「子龍槍」也很出名。「五虎槍」在戳腳翻子拳派中流傳；「斷門槍」在東北通臂拳派中流傳，後被國家編製爲競賽規定套路。

　　「十三槍」即太極槍，在北京太極拳界流傳著。20世紀60年代，北京八極拳名家王金聲演練的子龍槍出神入化，在武林界享有盛譽，他的對紮槍在第一屆全運會武術表演賽中奪冠。北京武術館社，均有傳統的「大杆子」，以滑杆抖大杆作爲功力練習的手段。

　　東岳太極槍，就是以太極拳爲母，在十三槍韻律的基礎上，精選以上名槍的典型動作技法編製而成。特別是在泰山舉行的技術交流中，又吸收了尙派形意槍的槍法，更突出了其風格特點。

　　前師在傳槍過程中，將槍械地位放在諸兵器之上，總是說「槍是兵器之王」，還說「中平槍，槍中王」。古時，大將多是手持長槍、戰場取勝而揚名。遍閱古書記載，無論何種槍，其槍法共性的核心是「畫圓點星」。

　　我們模擬天象太極圓點表現在東岳太極槍技法上，其特點是：出槍紮一點，槍走一條線；把住鬆活圓，槍桿隨身轉。

　　東岳太極槍全套兩段共32個動作，包括21種槍法，

練一套需2～3分鐘。第一段以基本槍法（紮槍）為主，「槍出一線，力紮一點」，精神集中在準字上；幅度較小，動作精確。

第二段身械運轉，動作幅度較大，兩手臂有較強的控制槍法運轉的能力；身法、步法與槍法要協調配合。由太極槍的練習，雙手持械，遵循太極圓規，動作收展準確，鍛鍊更加全面，增強健身功效。

第二節　東岳太極槍的技法

一、槍的握法

（1）陽握：手心朝上握槍。

（2）陰握：手心朝下握槍。

（3）正握：虎口朝上，對向槍頭方位握槍。

（4）反握：虎口背向槍頭或槍把端握槍。

（5）滑把握：握槍手順槍桿捋改變握槍的位置。

二、槍的基本技法

（1）攔槍：兩手握槍，左手在前，向左撐勁，使槍梢段向左下揮動，槍頭畫一半月「☾」形，力點在槍梢段前部。

（2）拿槍：兩手握槍（左手在前）向右撐勁，使槍梢段向左下揮動，槍頭畫一半月「☽」形，力點在槍梢段的前部。

（3）紮槍：兩手握槍，前手鬆握，後手握把端，臂由屈到伸，使槍直線送出，力達槍尖。

（4）劈槍：兩手握槍，使槍由上向下揮落，力點在梢段。

（5）崩槍：兩手握槍把段後部（一手握把端），使槍向前舉起，沉肘、坐腕、虎口上翹，使槍把段下降，梢段上起，以槍尖爲力點，向上挑擊。

（6）掃槍：兩手握槍，使槍接近地面向左（右）平行橫擺，力點在梢段。

（7）壓槍：兩臂屈肘，兩手握槍把段後部，左（右）旋，使槍桿左（右）擰動平直向下沉勁，力點在梢段。

（8）蓋把：兩手握槍，一手反握槍把段，使其由上向下揮落，力點靠近把段。

（9）橫把：兩手握槍，一手反握槍把段，使其由身體同側向異側平行橫擊。

（10）架槍：兩手握槍，兩臂由屈到伸，使槍向頭上平（斜）舉，力點在槍身中部。

（11）撲槍：兩手握槍，使槍身整體由上向下揮落，接近地面。

（12）撥槍：兩手握槍，使槍把端或槍頭在身體上（下）方，左（右）橫向用力撥動。

（13）圈槍：兩手握槍，使槍梢段（槍頭）按一個圓形軌跡重複畫圓運動。

（14）纏槍：兩手握槍，使槍頭動作畫圓圈螺旋前進。

（15）點槍：兩手握槍端部向上凸腕，使槍尖由上向下短促用力，力達槍尖，低不能觸地。

（16）戳把：槍的把段，以頂端為力點，向前擊出。

（17）拉槍：後手握把端，前手滑握槍身，向後伸臂，使槍斜著收貼近身體。

（18）挑槍：槍把端或槍尖由下向上撥舉，力達把端或槍尖。

（19）涮槍：手滑握槍的另一端（把端或槍頭部），使槍身由後向下、向前送出。

（20）穿槍：右（左）手反把握槍梢段，使槍尖由前經體側向後紮出。

（21）掛槍：槍梢（或把段）為力點，由前向上、向後或向下、向後運動。

三、槍的技擊理法

將槍的技擊理法概括在「東岳太極槍」框架中，即：

彼槍紮，我攔、拿；
彼槍被動，我槍紮；
中平槍，槍法王；
上下左右人難防；
畫月點星是母槍。

「月」型有圓月「〇」狀和半月「（（））」狀。在槍法中「圓月」是「圈槍」和「纏槍」；「半月」是「攔、拿」槍；「點星」是槍的紮法，槍紮一點。

第三節　槍的結構和禮儀

一、槍體結構

練習東岳太極槍套路，專用槍械是「多功能三節槍」。槍身體材爲玻璃鋼製，兩節長管狀，槍頭爲不銹鋼，三者組裝起來成爲一條（杆）槍。

各部件分別敘述如下：兩手握槍用力的一節較粗，叫

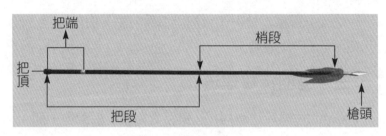

槍結構

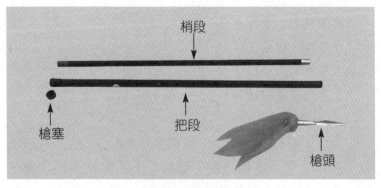

三節槍

把段；擰接槍頭的一節較細，叫梢段；梢段可收進把段內，能伸出，能縮進。白蠟杆製作的槍械均可用來練習「東岳太極槍」，動作一切正常，只是起勢、收勢沒有伸縮動作環節。（見下圖）

二、持槍禮

練槍之起勢前和收勢後，均要施持槍禮。其方法是：身體併步直立；右臂屈肘於胸，右手握槍把端，使槍直立於胸正中間部，左手四指伸直併攏，拇指屈成側立掌，掌心與右手指根節指面相貼，左掌指根連線與右手虎口平齊，指尖高與鎖骨窩齊，兩手距胸20～30公分，兩臂外撐，肘略低於手；目視受禮者。（見下圖）

持槍禮

第四節　東岳太極槍動作名稱

預備勢：併步持槍

第一段

一、起勢（舉旗勢）
1. 併步抱槍
2. 上步投槍
3. 虛步挑槍

二、進步紮槍（御筆點星）
1. 進步上紮槍
2. 進步中紮槍
3. 跪步下紮槍

三、馬步拿槍（御筆畫月）

四、進步攔、拿、紮槍
　　（畫月點星）
1. 蓋步攔槍
2. 上步拿槍
3. 跟步紮槍

五、弓步挑把（挑袍探路）
1. 上步抽槍
2. 弓步挑把

六、舉腿後紮槍
　　（回頭望月）
1. 抽槍滑把
2. 舉腿後紮

七、馬步蓋把（泰山壓頂）
1. 轉身劈槍
2. 馬步蓋把

八. 弓步壓把（搖櫓勢）
1. 插步掛把
2. 弓步壓把

九、繞步撥槍（游龍戲水）
1. 轉身上撥
2. 上步下撥
3. 擺步下撥
4. 扣步滑把

十、虛步點槍（轉身甩釣）

十一、歇步崩槍（太公釣魚）

第二段

十二、轉身紮槍
　　（蟒蛇出洞）
1. 上步抽槍
2. 上步挑把
3. 轉身撒步

262

第五節　東岳太極槍動作圖解

預備勢（胸朝南爲前）：併步持槍

兩腳併攏，身體直立；右臂屈肘，右手握槍把端，立於上體右肩前，左手指輕貼左大腿外側；目視前方。（圖5-1）

第一段

一、起勢（舉旗勢）

1. 併步抱槍

右手握槍下落於右腰前，使槍右下左上斜立於體前，左臂屈肘，左手在左胸前握槍桿；目視前方。（圖5-2）

264

圖5-1

圖5-2

2. 上步投槍

　　左腳向左前外擺上步，右腳向右後方跨步成左弓步，同時身體左轉；隨之兩手握槍稍後撤，及時向前將槍梢段平直投出，力達槍尖，左手滑握槍把段後部，兩臂屈肘，右手心朝上，左手心朝下；目視槍尖方向。（圖5-3、圖5-4）

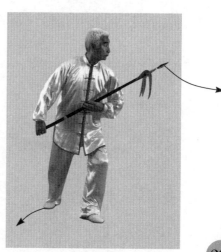

圖5-3

圖5-4

3. 虛步挑槍

　　身體重心移向右腿並屈膝，左腳回收，腳尖點地成左虛步；同時，兩臂微屈將槍回收，右手至右腰間，手心朝裡，左手滑握把段前部，手心朝上，與胸同高，槍尖與頭同高；目視槍尖方向。（圖5-5）

圖5-5

二、進步紮槍（御筆點星）

1. 進步上紮槍

左腳向前進半步，隨之右腳跟進至左腳後，腳掌點地，腳跟抬起；同時，兩手握槍向前上紮出，左手滑握於右手前，手心朝下，右手心朝上，槍尖與頭同高；目視槍尖方向。（圖5-6、圖5-7）

圖5-6

圖5-7

2. 進步中紮槍

接上動。右腳跟落實，身體重心移向右腿並屈膝，左腳跟抬起；同時，右手握槍端後抽收至腰間，左手滑握把段前部；接著左腳上步，右腳跟進至左腳後，腳掌著地，腳跟抬起；同時，兩臂微屈將槍平直紮出，左手滑握至右手前，左手心朝下，右手心朝上，槍尖與胸同高；目視槍尖方向。（圖5-8～圖5-10）

圖5-8

圖5-9

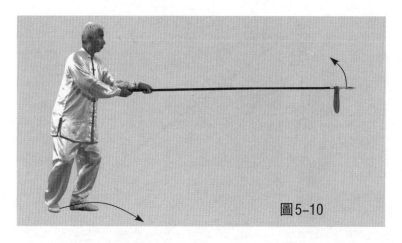

圖5-10

3. 跪步下紮槍

　　右腳向前上步，腳跟著地，腳尖蹺起；同時，右手握槍向後平抽至腰間，手心朝裡，左手滑把握把段前部，手心斜朝上；目視槍尖方向。（圖5-11）

　　上動不停。右腳尖落地，身體重心移向右腿並屈膝，

圖5-11

東岳太極拳

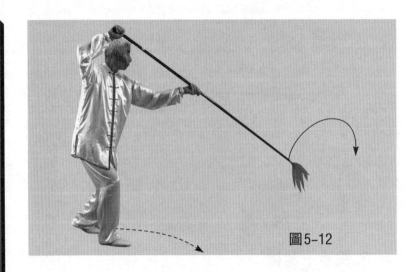

圖5-12

左腳跟進，前腳掌著地，腳跟抬起，左腿屈膝成跪步，同時上體微左轉；隨之右手握槍把，上舉於頭右側方，左手握槍，手心朝上，使槍尖向左前方，右手短促用力、左手鬆握下紮，槍尖與左膝同高；目視槍尖方向。（圖5-12）

【要點】以上三個分動作，別名為「御筆點星」。上、中、下三槍要連貫完成，眼神要集中在槍尖上，所謂「槍紮一點」。槍身要直抽直進，不要擺動。進步時，步法分虛實，要平穩，身體不得忽高忽低。

【用意】彼槍被動，我槍紮。三槍要連續進擊，上槍紮其頭部，中槍紮其腹部，下槍紮其膝部。

三、馬步拿槍（御筆畫月）

上動不停。左腳向前上步，兩腿屈膝，重心偏右腿成左半馬步；同時，右手握槍把外旋落於腰間，手心朝上，左手握槍內旋，使槍尖向上、向右、向前畫弧，兩臂屈肘

圖5-13

下壓，手心朝下，雙手與腹同高；目視槍尖方向。（圖5-13）

【要點】

①上成馬步與拿槍要同時，槍身要平。

②兩手陰陽握把，使槍向右有一個撐勁。

③馬步時氣下沉與拿槍要合勁。

【用意】對方用槍紮我胸部，我用拿槍撥開畫進，力點在槍梢段前部。

四、進步攔、拿、紮（畫月點星）

1. 蓋步攔槍

右腳外擺向前蓋步；同時，兩手握槍，屈臂，左手外旋，右手內旋，使槍梢向上、向左畫弧下壓；目視槍尖方向。（圖5-14）

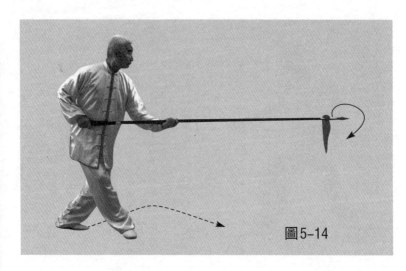

圖5-14

2.上步拿槍

上動不停。左腳向前上步，腳跟著地；同時，兩手握槍，右手外旋，左手內旋，使槍桿向右撐動，槍頭由左向上、向右繞弧下壓；目視槍尖方向。（圖5-15）

圖5-15

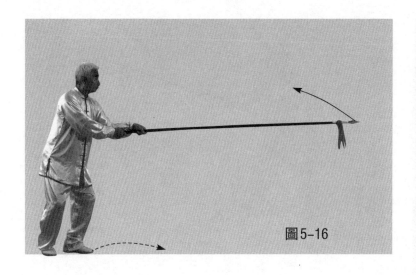

圖5-16

3. 跟步紮槍

緊接上動。左腳踏實，重心移向左腿並屈膝，右腳跟進，前腳掌著地，腳跟抬起；同時，右手握槍把向前平直紮出，左手滑握於右手前，左手心朝下，右手心朝左；目視槍尖方向。（圖5-16）

【要點】

① 1、2、3分動要連貫完成。

② 攔、拿使槍頭在體前左、右畫一小圈，圈直徑約30公分。

③ 紮槍要平直，為中平槍。諺語曰：「中平槍，槍中王，上下左右人難防。」攔、拿、紮即是所謂的畫月點星。

【用意】對方用槍向我胸部紮來，我用攔、拿將其撥開，隨即滑進紮其心窩。

圖5-17

五、弓步挑把（挑袍問路）

1. 上步抽槍

接上動。右腳踏實，重心移向右腿並屈膝，左腳向前上步，腳跟著地；同時，右手握槍把向後抽槍，左手向前滑握梢段，槍尖與頭同高；目視槍尖方向。（圖5-17）

2. 弓步挑把

上動不停。左腳右擺踏實，重心移向左腿，接著右腳向前上成右弓步，同時身體左轉；隨之右手滑握把段，由下向右前上挑把，把端與頭同高，右手鬆握，手心朝左，左手握槍梢段向下、向後下落於左胯旁，手心朝裡；目視槍把端。（圖5-18）

圖5-18

【要點】

①1、2分動要連貫完成。

②上步挑把時，右臂要沉肩墜肘，將槍身斜立於身體左前側。

③身械要協調一致，勁力完整。

【用意】

對方用槍向我頭部紮來，我以槍梢段向左掛開其槍，隨即進步以槍把端挑其襠部。

六、舉腿後紮槍（回頭望月）

1. 抽槍滑把

左手握槍向後下方抽槍，右手滑握把端；目視右手。（圖5-19）

圖5-19

2. 舉腿後紮

上動不停。重心全部移至左腿並微屈，右腿屈膝向後抬起，同時上體左轉，向右微傾；隨之右手握槍端，屈臂，短促用力向斜後紮槍，右手至右額前，手心朝前，槍尖與膝同高，左手滑握把段前部，手心斜向上；目視槍尖方向。（圖5-20、圖5-20附圖）

圖5-20

圖5-20附圖

【要點】

① 1、2分動要連貫完成。

② 轉身、舉腿、後看、紮槍要同時，協調一致。

【用意】對方由後向我襲來，我回身以槍紮其腿部。

七、馬步蓋把（泰山壓頂）

1. 轉身劈槍

右腳向右落步，腳跟著地，腳尖蹺起；右手握槍把向右上抽拉，左手滑握槍梢段，接著右手向後屈肘滑握槍把段中部；同時上體右轉；兩手握槍，使槍梢段隨轉體向上、向右前下劈，槍尖與胸同高；目視槍尖。（圖5-21、圖5-22）

圖 5-21

圖 5-22

2. 馬步蓋把

上動不停。左腳外擺向前上步，上體左轉；隨之左臂屈肘，使槍梢段經左腿外側向後下掛，右手握槍至右肩

圖5-23

圖5-24

前；接著右腳向右上成馬步，上體微左轉（胸朝北）；隨
之兩手握槍，使槍把段向右下蓋壓，與腰同高，左手至腹
前，手心朝上，右手握槍至右膝上方，手心向下；目視槍
把段方向。（圖5-23、圖5-24）

【要點】

① 以上兩個分動要連貫完成。

② 持槍下掛時，左臂彎曲，左手緊貼肋部使槍尖上提，避免槍尖觸地。

③ 蓋把與上成馬步要同時完成。

【用意】對方用槍向我左下紮來，我用槍梢段向左掛開，再以把端擊對方頭部。

八、弓步壓把（搖櫓勢）

1. 插步掛把

左腿向右腿右後方插步，腳跟抬起，重心偏右腿，右腿微屈，同時，腰向右擰勁；兩手握槍身，使槍把段向後下撥，左臂屈肘，左手至左胸部，右臂向後伸，右手至右胯側，使槍身斜於體前，把端低不觸地；目視槍把段。（圖5–25、圖5–25附圖）

圖5–25

圖5-25附圖

2. 弓步壓把

接上動。腰向左擰勁，右腳向右後方（左腳後）撤步，左腿屈膝成左弓步；同時，兩手握槍，使槍把段向上、向前、向下按逆時針方向畫圓弧壓擊，力點在把段，槍把端與膝同高，左臂屈肘，左手至左肋部，右臂微屈，右手與右胯同高，手心向下，使槍身斜於體前；目視槍把段。（圖5-26、圖5-26附圖）

圖5-26

圖5-26附圖

【要點】

①1、2兩個分動要連貫完成，以腰爲軸帶動手臂及槍的運動。

②步法要與槍的運動方法協調一致。

【用意】我以槍把段粘著對方的槍，隨之繞進壓著對方的槍，使之不得運動。

九、繞步撥槍（游龍戲水）

1. 轉身上撥

上體微右轉；兩手握槍，使把段向上、向右撥動，把端與頭同高，左臂屈肘，左手至腰部，右臂屈肘，右手與肩同高；目視槍把段。（圖5-27、圖5-27附圖）

圖5-27

圖5-27附圖

2. 上步下撥

　　上體微左轉，右腳向前（東北）上步，腳跟著地；隨之兩手握槍，使槍把段向下順右腿側向前撥出，把端低不觸地，使槍斜至體前；目視把段。（圖5-28）

圖5-28

3. 擺步下撥

　　上體微右轉，右腳外擺；兩手握槍，使槍梢段向下繞經左腿外側，槍尖低不觸地；左腳跟微抬起；槍身斜置於體前，目視槍梢段。（圖5-29）

圖5-29

4. 扣步滑把

接上動。兩手握槍姿勢不變；身體右轉，左腳向右扣步，右腳向前、向右擺，全腳掌著地，接著左腳向右繞扣，全腳掌著地，重心偏右腿；同時，右手滑握槍把端，槍身斜置於身體左側；目視槍梢段。（圖5–30～圖5–32）

圖5–30

圖5–31

圖5-32

【要點】

① 下肢、兩腳的步法要連貫運行，進步時重心下降偏後。

② 行步時，上體微左轉，目視槍的下部梢段，如入行雲流水般的意境。

【用意】我的身體和槍身與對方的身體和槍身粘靠在一起，動意是解脫和進攻對方。

十、虛步點槍（轉身甩釣）

身體右轉（胸朝西），右腳向後撤步，屈蹲，重心移至右腿成左虛步；同時，左手滑握至槍把端於右手前，使槍梢端向上、向前、向下點槍，槍尖低不觸地，兩手與胸同高；目視槍尖方向。（圖5-33）

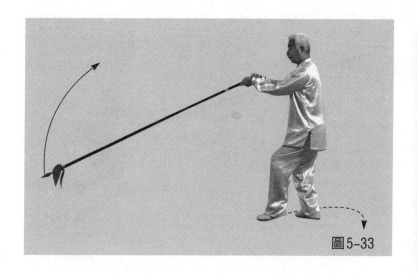

圖5-33

【要點】

（1）此動作要與上動「繞步撥槍」的動作連貫完成。

（2）下肢成虛步與點槍要同時完成。

【用意】對方用槍來紮我，我以點槍技法點擊對方持槍的手臂。

十一、歇步崩槍（太公釣魚）

上動不停。左腳向後撤步，右腳外擺，兩腿屈蹲，左膝抵右腿膕窩處，成右高歇步，上體微前傾；兩手握槍端，使槍尖向上短促用力成崩槍，槍尖與頭同高；目視槍尖方向。（圖5-34）

【要點】下肢成歇步與崩槍要同時完成。

【用意】對方用槍向我身體上部紮來，我用崩槍方法崩擊對方持槍前手臂。

287

圖5-34

第二段

十二、轉身紮槍（蟒蛇出洞）

1. 上步抽槍

接上動。起身，左腳向前上步，腳跟著地；同時，左手向前滑握槍梢段後部，右手向後抽槍，右手至右胯旁，槍尖斜朝上；目視槍尖方向。（圖5-35）

2. 上步挑把

上動不停。右腳向前上步並向左轉身，隨之左腳掌落地向左碾動，右腳內扣成開立步，身體右轉（胸朝南）；同時，右手滑握槍把段前部，使槍把段由後向下、向前上挑至身體右側，左臂屈肘，左手握槍於左肋部，右臂屈肘，右手握槍與肩同高；目視把段方向。（圖5-36）

圖5-35

圖5-36

3. 轉身撤步

上動不停。身體左轉，同時右腳內扣，支撐體重，左腳外擺，重心移向左腿；隨之兩手握槍左轉至身體左側，槍尖斜向後下方；接著左腳向左後撤步成右弓步；同時左

圖5-37

圖5-38

手握槍向左後伸臂，右手滑握槍把端；目視右手。（圖5-37、圖5-38）

圖5-39

4. 弓步紮槍

接上動。身體左後轉，同時左腳外擺，右腳掌向左碾轉成左弓步；隨之右手握槍把端，經腰向前平紮，左手滑握至右手前；目視槍尖方向。（圖5-39）

【要點】

① 1、2、3、4四個分動要連貫完成。

② 步法變化要靈活，要求身體平穩移動。

③ 以轉身帶動槍運轉。

【用意】先用槍把挑擊對方，如對方後撤，我轉身以槍紮之。

圖5-40

十三、掄掃槍（橫掃千軍）

1. 橫弓步架槍

左腳內扣，右腳外擺，重心移向右腿成右橫弓步，同時身體右轉，上體向右後傾，腰向左擰動；隨之左手向後滑握，兩手握把段上舉至頭前上方，目視槍的把段。（圖5-40）

2. 轉腰掄槍

接上動。上體繼續抬頭後仰；兩手握槍上舉在頭上方，左手滑握把段後部，使槍隨身體右轉，向左、向後、向右掄一大斜平圓弧至東北下方；同時變成右弓步；目視槍尖方向。（圖5-41）

圖5-41

圖5-42

3. 弓步掃槍

上動不停。身體繼續左轉，左腳外擺，右腳內扣，左腿屈膝成左弓步；同時，兩手握槍把段後部向左下掃槍（槍尖向西方），槍梢段與膝同高；目視槍尖方向（圖5-42）

【要點】

① 1、2、3三個分動要連貫完成。

② 此組合槍法突出了腰部的旋轉鍛鍊。

【用意】對方用槍紮我頭，我身體下蹲，以槍架開對方的槍，同時掄掃擊打對方的腿部。

十四、提膝拉槍（金雞獨立）

右腳尖外擺，身體重心全部移至右腿，左腿蹬地提膝成右獨立，同時身體右轉；兩手握槍，將槍收拉至身體左側，左手滑握槍中部，右手內旋屈臂，使槍身斜立，槍尖朝左後下方；目視左方。（圖5-43）

【要點】

① 提膝、拉槍要協同一致。

② 槍身要貼近左肋部。

【用意】對方用槍向我左腿紮來，我迅速提左腿閃

圖5-43

開，以槍梢段將對方來槍撥開。

十五、跟步劈槍（老翁劈柴）

左腳向左落步，右腳隨之跟進至左腳內後方，腳跟抬起，兩腳屈蹲，重心偏左腿，同時上體左轉；隨之左手滑握槍後段，兩手握槍，使槍梢段向上、向前屈肘下劈，槍身平直於體前，與腰同高，左手心朝下，右手心朝上；目視槍尖方向。（圖5-44）

【要點】

① 跟步與劈槍要同時，協調一致。

② 定式時，槍把段後部緊貼左前臂下，右手低於左肘下，手心朝上。

【用意】對方用槍向我頭部紮來，我槍順其槍桿劈出，畫開其槍，以槍尖剖其面部。

圖5-44

圖5-45

十六、退步壓槍（蟒蛇翻身）

接上動。右腳向後撤步，左腳撤步至右腳左前側，腳跟抬起，腿屈蹲，重心偏右腿；同時兩手握槍，左手外旋，手心朝上，右手內旋，手心朝下，使槍梢段向右、向上、向左畫一立圓下壓於體前，槍身平直，與腰同高，把段後部貼於左前臂上，右手抵於左肘內側；目視槍尖方向。（圖5-45）

【要點】

① 退步與壓槍要同時，協調一致。

② 兩手握槍下壓要有一個沉勁。

【用意】對方用槍向我上體左側紮來，我以槍梢段將對方槍向左攔壓防開，接著以我槍尖畫擊對方前手腕。

十七、馬步橫把（老虎甩尾）

左腳向前上步，腳跟著地，腳尖上蹺；右手握槍把向

圖5-46

圖5-47

後抽拉，左手滑握梢段；緊接著左腳落實，腳掌外碾，身
體左轉，隨之右腳內扣上步成馬步；左手握槍，右手滑握
把段前部，使槍把段隨體轉向左橫擊，槍與腰同高，左手
心朝上，緊貼小腹，右手心朝下，屈臂於右腹右側；目視
把端。（圖5-46、圖5-47）。

【要點】

① 上步滑把抽槍與馬步橫擊要同時完成。

② 馬步橫槍把，要有向下沉勁。

【用意】對方用槍向我頭部紮來，我抽槍以梢端畫開其槍，進身以槍把段橫擊對方腰部。

十八、轉身涮把（投鏢勢）

接上動。起身；右手滑把鬆握把段，左手滑握梢段；重心偏於左腿，右腳內扣，左腳外擺，上體左轉；隨之右手鬆握槍，屈肘再伸臂，使槍把段向下、向左、向前涮出，右手換握（虎口向把段）至槍頭梢段部位，手心向上，左手變掌附按於槍頭上，槍身平直，與胸同高；身體重心移至右腿並屈膝，左腳尖蹺起；眼視槍把方向。（圖5-48、圖5-49）

圖5-48

 圖5-49

圖5-50

二十、插步後紮（左下山勢）

1.轉身換握

接上動。起身，左腳向後撤步；右手握槍梢段，右臂由屈到伸將槍向前斜上送出，右手及時鬆開把，左手滑握至右手處，隨後右手再握至左手前；目視把段。（圖5-51）

2.插步後紮

接上動。右腳向後撤步成高歇步，上體右轉；隨之左手握槍頭梢段，向左後下方紮出，槍頭與膝同高，右手滑握槍身中部；目視槍尖方向。（圖5-52）

【要點】

① 右手送槍鬆把，左手換握要順遂，顯得換把很巧妙。

② 歇步與後紮槍要協同一致。

圖5-51

圖5-52

【用意】與十九勢相同。

二十一、翻身劈槍（霸王揮鞭）

1. 轉身換握

接上動。起身右後轉，重心偏左腿；隨之兩手上舉，

圖5-53

圖5-54

左手換握至把段前部，虎口朝槍的梢段，手心朝上，右手
換握槍把端，槍斜至肩前，虎口朝梢段，手心朝外；目視
左方。（圖5-53、圖5-54）

圖5-55

2. 弓步劈槍

上動不停。右腳向右後活步，重心移向右腿並屈膝成右弓步，同時身體右轉；隨之兩手握槍，使槍向上、向右、向下劈槍，槍與腰同高，槍身要平，槍尖朝前（西），右臂屈肘，肘貼右腰，左臂微屈，左手正握槍；目視槍尖方向。（圖5-55）

【要點】

① 動作過程中有兩手換握把的動作，手要緊貼槍身，要靈活順遂。

② 起身換把、劈槍要一氣呵成。

【用意】對方從我後方擊來，我回身避開，以槍劈擊對方。

第五章　東岳太極槍

303

圖5-56

二十二、進步纏槍（右莖絲纏挽）

1. 上步落槍

接上動。左腳向右前（西北）邁步，重心仍在右腿，同時身體微右轉；隨之左手向後滑握把段部，兩手握槍，使槍向下、向右弧形下落，槍頭落於右膝前；目視槍頭方向。（圖5-56）

2. 進步纏槍

上動不停。右腳、左腳依次向前（西北）上步成左高虛步；同時，兩手握槍，使槍繼續向右、向下、向左，在胸前按逆時針方向纏槍，槍尖與頭同高，左手心朝上，右手心朝下；目視槍尖。（圖5-57、圖5-58）

圖 5-57

圖 5-58

【要點】

　①纏槍動作關鍵是兩手相對用力絞把，使槍頭梢段螺旋畫立圓。

　②上步與纏槍動作要協調一致。

【用意】我槍梢段粘住對方槍做纏繞進擊。

圖5-59

二十三、跨步纏槍（左螻絲纏挽）

1. 跨步落槍

接上動。左腳向左跨步（左前方），身體左轉；隨之兩手握槍，向下、向左弧形落槍，槍頭至左膝前；目視槍頭方向。（圖5-59）

2. 插弓步纏槍

緊接上動。右腳向左腳左後方插步，接著左腳向左開步成左弓步，同時身體左轉；隨之兩手握槍，向左、向上在頭前按順時針方向做纏槍，隨後下落，向左撥槍，槍頭與膝同高，左手心朝下，右手心朝上；目視槍尖方向。（圖5-60、圖5-61）

圖5-60

圖5-61

【要點】

①纏槍動作的關鍵是兩手相對用力絞把，使槍頭梢段螺旋畫立圓。

②插步、弓步、纏槍下撥要協同一致。

【用意】我槍梢段粘住對方槍，進擊其腿部。

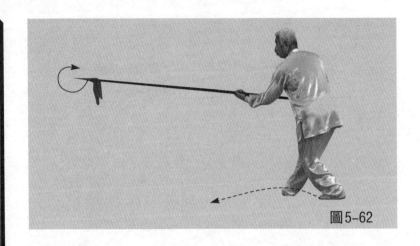

圖5-62

二十四、進步攔、拿、紮（畫月點星）

1. 蓋步攔槍

右腳向左前方邁步（蓋步），腳尖外擺，兩腿微屈，重心偏左腿；兩手握槍，使槍向左、向上弧形做攔槍，槍身要平直，槍尖朝前（西）；目視槍尖方向。（圖5-62）

2. 上步拿槍

接上動。左腳向前上步，兩腿屈膝，重心偏右腿，成左半馬步；兩手握槍做拿槍，槍身平直，槍尖朝前（西）；目視槍尖方向。（圖5-63）

3. 弓步紮槍

接上動。身體重心移向左腿，成左弓步；兩手握槍，伸臂使槍向前紮出，槍身平直，槍尖朝前（西）；目視槍

圖5-63

圖5-64

尖方向。（圖5-64）

【要點】1、2、3三個分動要連貫完成。這是紮槍的基本組合動作，爲攔、拿、紮動作；別名爲「畫月點星」。

【用意】我槍向左、向右防開對方來槍，進而紮之。

圖5-65

二十五、回身戳把（獅子回頭）

　　左腳內扣，右腳外擺，向右活步成右弓步，同時身體右後轉；左手反握槍梢段後部，右手滑握槍把段，兩手使槍把向後上（東）戳出，力達把端頂部，把端與頭同高，右臂要垂肘，左臂屈肘，左手貼腰部；目視槍把端。（圖5-65）

　　【要點】轉身、弓步，戳把要同時。戳把要用轉身勁，精神貫注槍把端方向。

　　【用意】我以槍把戳擊由後來犯者。

二十六、仆步撲槍（鋪地錦）

1.收步掛槍

　　重心移向左腿，右腳向後收步，上體右轉；右手滑握

圖5-66

槍身中部，左手滑握至右手前，兩手合力，使槍身按順時針向右前（東）掄轉，至槍梢段下掛。（圖5-66）

2. 仆步撲槍

上動不停。上體繼續右轉；左手加力，使槍在身體右側轉動至左手在體前上舉，右手滑握槍把端；重心移向右腿，左腳向前（東）上一大步，接著左腳內扣，左腿伸直，右腿屈蹲成左仆步；同時，兩手握槍向下撲槍，槍身至左腿內側，低不觸地；目視槍身。（圖5-67、圖5-68）

【要點】

① 兩手用力，使槍身沿身體左右側掄轉，成立圓至左手上舉槍，為舞花槍，要貼身掄成圓。

② 仆步與撲槍要協同一致。

【用意】我以槍撲壓對方的槍，使其不得動彈。

圖5-67

圖5-68

二十七、弓步架槍（力舉千鈞）

　　緊接上動。起身，成右側弓步；同時，兩手握槍，左手滑握把段前部，兩手臂舉起，使槍斜架於左肩斜上方，

圖5-69

槍尖斜朝下，右手握槍把端，手心朝前架至頭右上方，左手握槍把段前部，手心朝上，稍低於肩；目視槍把段。（圖5-69）

【要點】

① 架槍左手滑把要協調一致。

② 架槍時，右手握把內旋，使槍向左有一股擰勁。

【用意】對方向我左肩紮來，我以槍的把端上架撥開。

二十八、回身紮槍（白蛇吐信）

1. 轉身抱槍

右腳外擺，身體右後轉180°，左腿收至右腿後成插步；隨轉體右手握槍把，左手托槍，使槍經頭上方落經肩、背後，右臂屈肘，右手握把端，手心朝裡，左手立

圖5-70圖

圖5-70附圖

掌，掌心抵於把頂端，槍把段橫抱於胸前，槍平直，槍尖
朝右（東）；目視槍尖方向。（圖5-70、圖5-70附圖）

2. 弓步絮槍

上動不停。右腳掌右碾，左腳向左上步，同時身體右
轉，成右弓步；隨之右手握槍把端內旋伸臂，將槍向右平

圖5-71

直紮出，槍與胸同高，左手向左側舉起，與肩同高，掌心朝外，指尖斜朝上；目視槍尖方向。（圖5-71）

【要點】

① 轉身抱槍要協調一致。

② 插步轉體要有一個擰勁，重心要穩定。

③ 在轉身過程中槍身不能擺動，應保持平直狀態。

【用意】乘敵械回收時，我轉身單手臂探紮。

二十九、攔、拿、紮槍（畫月點星）

1. 攔槍

上動不停。左腳向前跟半步；同時，左手握槍把段，使槍前段下落；接著右腳後撤成右側弓步；隨之左手滑握槍把段前部，使槍向右、向上、向下繞環攔槍，左手外旋，手心斜向上，置於胯旁，右手屈臂內旋，手心朝外，置於右腮前，使槍斜至體左前方，槍尖斜向左下方；目視

圖5-72

圖5-73

左方。（圖5-72、5-73）

2. 拿槍

上動不停。左腳外擺，右腳內扣，身體左轉，兩腿屈蹲成左半馬步；同時，左手滑握槍把段中部內旋，右手外旋，使槍向左、向上、向右繞弧成拿槍，槍平直於身體左前，與腰同高，左臂屈肘，手心朝下，右手朝裡，緊貼腰

圖5-74

圖5-75

部；目視槍尖方向。（圖5-74）

3. 絮槍

緊接上動。重心移向左腿成左弓步，同時上體左轉；隨之左手鬆握槍，右手握槍把伸臂，使槍平直絮出，右手心朝上，左手心朝下；目視槍尖方向。（圖5-75）

317

圖5-76

【要點】

① 1、2、3分動之攔、拿、紮槍要連貫，一氣呵成。

② 攔、拿、紮槍要隨身體的開、合、轉腰協調一致，動作幅度要大，槍尖圓轉的直徑上不過頭，下到膝部，是槍中畫月點星的技法。

【用意】對方用槍向我胸部紮來，我用攔、拿將對方槍畫開，以中平槍而攻之。

三十、扣腿紮槍（畫月點星）

1. 左圈槍

接上動。兩手握槍，使槍尖下落；同時上體微右轉再左轉；隨之左手外旋，右手內旋，使槍梢端向右、向上、向左、向下在體前繞一立圓，左手心朝上，右手心朝下，槍把段置於左前臂上，槍身斜向下；目視槍尖方向。（圖5-76）

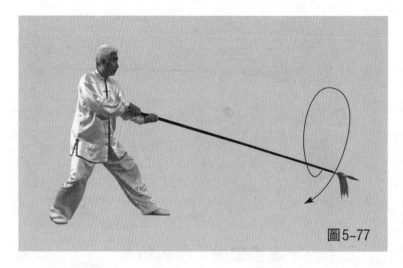

圖5-77

2. 右圈槍

接上動。上體微左轉再右轉，隨之兩手握槍，左手內旋，右手外旋，使槍梢段向左、向上、向右、向下在體前繞一立圓，左手心朝下，右手心朝上，槍把段至左前臂下，槍身斜向下；目視槍尖方向。（圖5-77）

3. 扣腿紮槍

接上動。身體重心全部移至左腿並屈膝下蹲，右腿屈膝，右腳踝緊貼於左腿膕窩後；同時，左手鬆握槍，右手握槍把向前平直紮出，兩手相觸，左手心朝右，右手心朝左；目視槍尖方向。（圖5-78）

【要點】槍諺語：「中平槍、槍中王、上下左右人難防。」「畫月點星為母槍。」在此動作中充分得到了展現。

【用意】左右圈槍，將對方槍繞著攔開，然後乘機紮擊對方胸部。

圖5-78

三十一、虛步端槍（舉旗勢）

接上動。右腳向後落步，右腿屈膝，隨之左腳後撤，腳尖點地成左虛步，同時上體微右轉；右手握把端，向後下抽槍至右腰間，手心向裡，左手滑握槍把段前部，手心向上，與左胸同高，使槍斜舉於左體前，槍尖與頭同高；眼視槍尖方向。（圖5-79）

圖5-79

【要點】

① 此式要和第三十式「扣腿紮槍」連貫完成。

② 挑槍與虛步要同時形成定式。

【用意】挑槍定式，待機而動。

三十二、縮槍收勢（蟒蛇入洞）

1. 撤步縮槍

左手拇指和食指握槍梢段後部，用力使梢段縮進把段，隨後左手握把段中部，向右立於右肩前，左臂屈肘橫於胸前，手心朝裡，兩手虎口均向上，右手與腰同高，手心朝左；同時身體右轉，左腳向左後撤成右弓步；目視把段中部。（圖5-80～圖5-82）

圖5-80

圖5-81

圖5-82

圖5-83

2. 併步持槍

接上動。右腳蹬地收至左腳內成併步直立；同時，右手持槍，右臂屈肘，右手握槍把端，將槍豎立於右肩前，左臂下落於體左側，手指輕貼於左大腿外側；目平視前方。（圖5-83）。

【要點】

① 縮槍時，兩手要相對用力。

② 轉體、撤步、立槍要同時完成。

③ 併步持槍，右前臂要平舉。

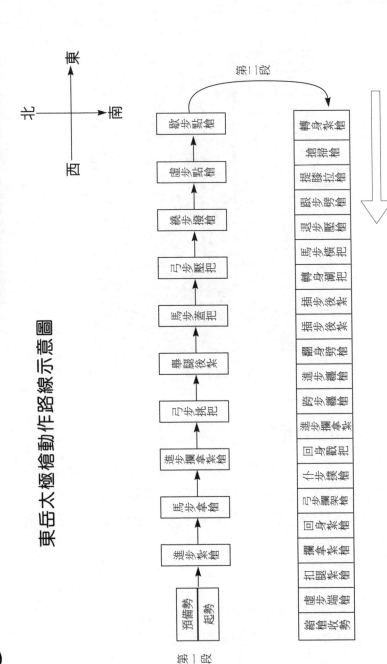

東岳太極槍動作路線示意圖

第六章

東岳太極棒

第一節　東岳太極棒簡介

武術諺語講：「棍棒為兵刃之祖。」追溯到遠古，我們的先祖，支撐身體直立行走，狩獵為生，都是賴以棍棒；為爭奪獵物相互爭鬥，棍棒又成為自衛的武器，這就是武術的萌芽時期。

武術前輩常講：「年拳、月棍、日日槍、不離手的棒。」攜帶在身上經常習練的就是「棒」。在我國西北地方，武術界流行的器械稱「鞭杆」，也就是邊遠山區人健身自衛的短棒。兩手持棒，鍛鍊身體最方便，確實做到「一動無有不動」。棒的每一個動作都能做到全身協調，一動俱動，起到全面鍛鍊身體的效果。

從事太極拳鍛鍊的人們，練習短的單器械如劍、刀等，通常是右手單手持械練習，另一手雖然配合，但也感到有鍛鍊的偏缺。為了適應全民健身鍛鍊，按太極拳的運動規律，編製「東岳太極棒」，增添了太極拳的鍛鍊內容，不僅增進身體健康，而且將不離手的「棒」作為物質文化，以振奮民族精神。

東岳太極棒套路的創編概況：

創編「東岳太極棒」套路，以北京武術界六合門派中的「六合棍」技術動作為基本，融合了我國西北地方的「鞭杆」和嵩山少林寺的「少林棍」等精煉典型技術動作。為便於普及，讓人們易學易練，又將棍棒動作進行了

精選，分別規範、編製了「東岳太極棒八勢」和「東岳太極棒套路」，並使之融於太極拳技術框架中。它們既能原地按節拍做單個動作群練，也能以套路形式進行演練。

東岳太極棒的技術特點：

棒身短，雙手對把（虎口相對）握棒，兩端左右均可用招，技術方法靈活多變。棒貼身靠臂，動作圓轉，進退閃展，身械協調，身法、步法和棒法緊密相隨，擊法清楚，動作對稱，身肢圓轉充分舒展，兩手臂協同動作，做到一動全身無有不動，鍛鍊全面。

第二節　東岳太極棒的技法

一、棒的握法

（1）對把握：兩手握棒，虎口相對。

（2）順把握：兩手握棒，虎口朝向一端。

（3）正握：對一手來講，虎口朝向著力點的一端。

（4）反握：對一手來講，虎口背向著力點的一端。

（5）滑握：兩手隨棒招勢變化沿棒身來回滑動，變換握棒位置。

二、棒的基本技法

（1）劈：雙手順把或單手正握棒，由上向下擊打，力達棒前段。

（2）挑：雙手或單手握棒，使棒前端由下向上運動。

（3）擊：雙手或單手握棒，使棒向左（右）揮打，力點在棒前段。

（4）撥：雙手握棒，使棒前端在身體的上（下）做左（右）小幅度擺動。

（5）蓋：雙手對把握棒，兩手上下反向用力，兩臂交叉使棒前段由上向下打擊。

（6）掛：雙手或單手握棒，使棒由前向上、向後或向下、向後貼身弧形繞動，力達棒前段。

（7）戳：棒身直線擊出，力達棒頂端。

（8）架：雙手握棒向頭上方橫舉，受力點在棒中段。

（9）掃：雙手順握或單手正握棒，使棒在膝關節以下向左或向右擺擊。

（10）撩：握棒由下向前上方弧形擊出，力達棒前段。

（11）雲：雙手對把握棒，兩手反向用力，兩前臂交叉，使棒在頭前上方平圓環繞。

（12）推：雙手對把握棒，使棒斜立向前送擊為斜推棒，橫著向前送擊為平推棒。

（13）舉：雙手或單手持棒造勢的姿態。有平舉、斜舉、立舉。

第三節　棒體的結構和禮儀

一、棒的結構

棒體用材，一般是白蠟桿或是適重的其他木製、塑膠的實心或管狀棒體。長度約為手的13把（兩手連握棒身的長度），定量長度為100～120公分，截面直徑約2.4公分。東岳太極拳械練習者專用特製的「多功能三節槍」，取掉槍頭，以管狀體的節進行太極棒練習。

棒體部位結構圖示如下：

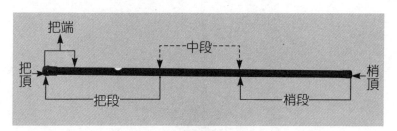

棒結構

練棒時，戳、拔、挑等擊法的著力點一般是棒的「頂端」；用棒身擊打或定式時，著力點一般是棒的「頂段」（靠近棒頂的三分之一處）；上架、左右格攔動作的著力點在「中段」。

二、持棒禮

練棒之起勢前和收勢後，均要施持棒禮。

其方法是：身體併步直立；右臂屈肘，右手握棒下段，使棒身豎立於胸前正中位置，左手四指伸直併攏，拇指屈成側立掌，掌指尖向上，掌心與右手指根節指面相貼，左掌指根連線與右手虎口平齊，指尖高與喉部齊，兩手距胸20～30公分，兩臂外撐，肘略低於手；目視受禮者。（見下圖）

持棒禮

第四節　東岳太極棒八勢（原地練習）動作名稱

預備勢（無極式）

起勢（太極勢）

　1. 左手握棒

　2. 併步落棒

第一勢　舉棒俯身

　　　　（擎天俯地）

　1. 開步伸舉（左）

　2. 俯身落棒

　3. 屈蹲前舉

　4. 併步落棒

　5. 開步伸舉（右）

　6. 俯身落棒

　7. 屈蹲前舉

　8. 併步落棒

第二勢　弓步推棒

　　　　（推山勢）

　1. 上步斜立棒（左）

　2. 弓步斜推

　3. 轉體下掛

　4. 併步落棒

　5. 上步斜立棒（右）

　6. 弓步斜推

　7. 轉體下掛

　8. 併步落棒

第三勢　戳棒彈腿

　　　　（左右穿梭）

　1. 弓步戳棒（左）

　2. 彈腿後戳

　3. 弓步戳棒

　4. 併步落棒

　5. 弓步戳棒（右）

　6. 彈腿後戳

　7. 弓步戳棒

　8. 併步落棒

第四勢　架棒踢腿

　　　　（架梁腳）

　1. 弓步上架（左）

　2. 右腿正踢

　3. 落步架棒

　4. 併步落棒

5. 弓步上架（右）

6. 左腿正踢

7. 落步架棒

8. 併步落棒

第五勢　弓步蓋棒

（泰山壓頂）

1. 丁步下掛（左）

2. 馬步壓棒

3. 弓步蓋棒

4. 併步落棒

5. 丁步下掛（右）

6. 馬步壓棒

7. 弓步蓋棒

8. 併步落棒

第六勢　插步雲撥棒

（白雲繞頂）

1. 開步上舉（左）

2. 插步雲撥

3. 雲棒橫舉

4. 併步落棒

5. 開步上舉（右）

6. 插步雲撥

7. 雲棒橫舉

8. 併步落棒

第七勢　弓步橫擊

（力甩拂塵）

1. 滑把平擊（左）

2. 丁步背棒

3. 弓步橫擊

4. 併步落棒

5. 滑把平擊（右）

6. 丁步背棒

7. 弓步橫擊

8. 併步落棒

第八勢　獨立舉棒

（金猴奮棒）

1. 弓步蓋棒（左）

2. 拗弓步蓋棒

3. 獨立上舉

4. 落腳落棒

5. 弓步蓋棒（右）

6. 拗弓步蓋棒

7. 獨立上舉

8. 落腳落棒

收勢（無極勢）

1. 右立棒

2. 併步持棒

東岳太極拳

第五節　東岳太極棒八勢（原地練習）動作圖解

東岳太極棒八勢，每個動作可按二八呼節拍進行練習。

預備勢（無極勢）

兩腳併攏，身體直立；右臂微屈，右手握棒三分之一處（下段）立於上體右側前方，左臂自然下垂，左手手指輕貼大腿外側；目視前方。（圖6-1）

圖6-1

圖6-2　　　　　　　　　　圖6-3

起勢（太極勢）

1. 左手握棒

　　右手握棒下落，左手至右肩前，握棒於上三分之一處（上段），虎口朝下；目視前方。（圖6-2）

2. 併步落棒

　　緊接上動。兩臂下落，兩手握棒橫於小腹前；目視前方。（圖6-3）

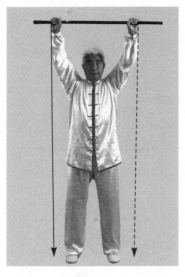
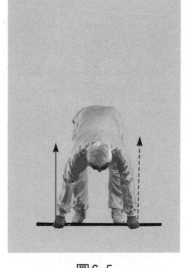

圖6-4　　　　　　　　　圖6-5

第一勢　舉棒俯身（擎天俯地）

1. 開步伸舉（左）

　　左腳向左開步，與肩同寬；兩臂屈肘，兩手握棒，經胸前向上伸舉，將棒橫架於頭上方；目視前方。（圖6-4）

2. 俯身落棒

　　接上動。上體向前俯身；隨後兩手握棒直臂下落；目視棒中段。（圖6-5）

圖6-6　　　　　　　　　圖6-7

3. 屈蹲前舉

接上動。上體慢慢直起，兩腿屈蹲；兩手握棒，橫舉於胸前；目視前方。（圖6-6）

4. 併步落棒

接上動。兩腿慢慢伸起，左腳向右收於右腳內側，兩腳併攏，身體直立；兩手握棒下落橫於小腹前；目視前方（圖6-7）。此為左勢。

5. 開步伸舉（右）

右腳向右開步，與肩同寬；同時，兩臂屈肘，兩手握棒經胸前向上伸舉，將棒橫架於頭上方；目視前方。（圖

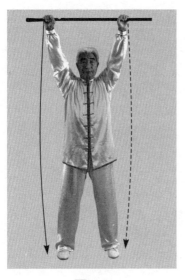

圖6-8

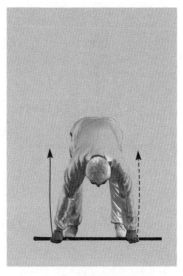

圖6-9

6-8）

6. 俯身落棒

同分動2。（圖6-9）

7. 屈蹲前舉

同分動3。（圖6-10）

圖6-10

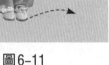

圖6-11

圖6-12

8. 併步落棒

同分動4，但收併右腳（圖6-11）。此為右勢動作。

第二勢　弓步推棒（推山勢）

1. 上步斜立棒（左）

右腳以前腳掌為軸，腳跟外碾，重心在右腳並屈膝，同時上體左轉，左腳向左上步，腳跟著地；隨之兩臂屈肘，兩手握棒，斜立於身體左前方；目視左前方。（圖6-12）

圖6-13 圖6-14

2. 弓步斜推

接上動。身體重心慢慢移向左腿成左弓步；同時，兩手握棒向左前方斜立推出；目視左前方。（圖6-13）

3. 轉體下掛

接上動。右腳外擺，左腳內扣，同時身體右轉，重心移向右腿並屈膝；隨之兩臂屈肘，兩手握棒向右下掛，棒斜立於身體左前側；目視棒的下端。（圖6-14）

圖6-15　　　　　　　　　　圖6-16

4. 併步落棒

上動不停。左腳向右腳併攏，身體直立；隨之兩手握棒橫落於小腹前；目視前方。（圖6-15）

5. 上步斜立棒（右）

左腳以腳前掌為軸，腳跟外碾，重心在左腿並屈膝，同時上體右轉，右腳向右上步，腳跟著地；隨之兩臂屈肘，兩手握棒，斜立於身體右前方；目視右前方。（圖6-16）

6. 弓步斜推

接上動。身體重心慢慢移向右腿成右弓步；同時，兩手握棒，向右前方斜立推出；目視右前方。（圖6-17）

圖6-17　　　　　　　　圖6-18

7. 轉體下掛

接上動。左腳外擺，右腳內扣，同時身體左轉，重心移向左腿並屈膝；隨之兩臂屈肘，兩手握棒向左下掛，棒斜立於身體右前側；目視棒的下端。（圖6-18）

8. 併步落棒

圖6-19

上動不停。右腳向左腳併攏，身體直立；隨之兩手握棒橫落於小腹前；目視前方。（圖6-19）

341

圖6-20　　　　　　　　圖6-21

第三勢　戳棒彈腿（左右穿梭）

1. 弓步戳棒（左）

右腿屈膝支撐體重，左腳跟提起；兩臂屈肘，兩手握棒，左上右下斜置於胸前；接著左腳向左前上步成左弓步；同時，兩手握棒向左前上方戳出，棒左端與頭同高；目視棒左端方向。（圖6-20、圖6-21）

2. 彈腿後戳

身體重心全部移至左腿並微屈，右腿屈膝提起，向左前上方彈出，與腰同高，同時上體右轉；隨之左手滑握至棒左段部，右手滑握棒的中段部，兩手同時握棒，以棒的

圖6-22　　　　　　　　圖6-23

右頂端爲力點向右後下方戳出；目視棒右頂端方向。（圖
6-22）

3. 弓步戳棒

上動不停。右腳向右後落步成左弓步，同時上體左
轉；隨之右手滑握棒的右段中部，左手滑握棒的左段後
部，兩手同時握棒，以棒的左頂端爲力點向左前上方戳
出，棒左端與頭同高；目視棒左頂端方向。（圖6-23）

4. 併步落棒

接上動。身體重心後移至右腿，左腳蹬地收於右腳內
側成併步直立；兩手握棒收至小腹前；目視前方（圖
6-24）。此爲「彈腿戳棒」左勢。

圖6-24　　　　　　　　圖6-25

5. 弓步戳棒（右）

左腿屈膝支撐體重，右腳跟提起；兩臂屈肘，兩手握棒，右上左下斜置於胸前；接著右腳向右前上步成右弓步；同時，兩手握棒向右前上方戳出，棒右端與頭同高；目視棒右端方向。（圖6-25、圖6-26）

6. 彈腿後戳

身體重心全部移至右腿並微屈，左腿屈膝提起向右前上方彈出，與腰同高，同時上體左轉；隨之右手滑握至棒右段部，左手滑握棒的中段部，兩手同時握棒，以棒的左頂端為力點向左後下方戳出；目視棒左頂端方向。（圖6-27）

344

圖6-26

圖6-27

圖6-28

圖6-29

7. 弓步戳棒

上動不停。左腳向左後落步成右弓步，同時上體右轉；隨之左手滑握棒的左段中部，右手滑握棒的右段後部，兩手同時握棒，以棒的右頂端為力點向右前上方戳出，棒右端與頭同高；目視棒右頂端方向。（圖6-28）

8. 併步落棒

接上動。身體重心後移至左腿，右腳蹬地收於左腳內側成併步直立；兩手握棒橫收至小腹前；目視前方。（圖6-29）

此為「彈腿戳棒」右勢。

圖6-30 　　　　　　圖6-31

第四勢　架棒踢腿（架梁腳）

1. 弓步上架（左）

左腳向前上步成左弓步；同時，兩手握棒，屈臂經胸前向頭前上方推架，橫於額前；目視前方。（圖6-30、圖6-31）

2. 右腿正踢

上動不停。身體重心全部移向左腿並伸起，右腿伸直，腳尖勾起，向前上擺踢至棒中段下；目視踢腳方向。（圖6-32、圖6-32附圖）

圖6-32　　　　　　　　圖6-32附圖

3. 落步架棒

上動不停。左腿屈膝，右腳向後落步成左弓步；兩手握棒，仍橫架於額前；目視前方。（圖6-33）

4. 併步落棒

上動不停。身體重心後移至右腿，左腳蹬地收於右腳內側，成併步直立；兩手握棒橫收至小腹前；目視前方。（圖6-34）

5. 弓步上架（右）

右腳向前上步成右弓步；同時，兩手握棒，屈臂經胸前向頭前上方推架，橫於額前；目視前方。（圖6-35、圖6-36）

圖6-33

圖6-34

圖6-35

圖6-36

6. 左腿正踢

上動不停。身體重心全部移向右腿並伸起，左腿伸直，腳尖勾起，向前上擺踢至棒中段下；目視踢腳方向。（圖6-37）

7. 落步架棒

上動不停。右腿屈膝，左腳向後落步成右弓步；兩手握棒仍橫架於額前；目視前方。（圖6-38）

圖6-37

8. 併步落棒

上動不停。身體重心後移至左腿，右腳蹬地收於左腳內側成併步直立；兩手握棒橫收至小腹前；目視前方。（圖6-39）

第五勢　弓步蓋棒（泰山壓頂）

1. 丁步下掛（左）

身體重心移向右腿並屈膝，左腿屈膝，左腳跟提起，腳尖著地，同時上體微左轉；隨之左手滑握棒左段上部，兩手握棒，使左段向左後下掛至左膝後；目視左方。（圖4-40、圖6-40附圖）

圖6-38

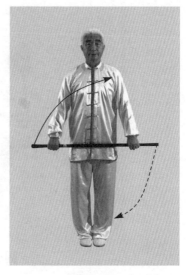

圖6-39

圖6-40

圖6-40附圖

圖6-41

2. 馬步壓棒

上動不停。左腳向左跨步成馬步；同時，兩手握棒，使棒的左段向上、向前下壓平至腰的左側方，左手心朝下，右手置於腹前，手心朝上；目視左端方向。（圖6-41）

3. 弓步蓋棒

上動不停。左腳外擺，右腳跟外展成左弓步，同時身體左轉；隨之左手滑握左段中部，右手滑握中段，向上、向前使棒成立圓，向下蓋劈至右胸前，手心朝下，左手握棒至右上臂下，手心朝上；目視前方。（圖6-42）

4. 併步落棒

上動不停。右腳掌右碾，左腳內扣，收至右腳內側成

圖6-42

圖6-43

併步直立，同時上體右轉；隨之右手握棒向上，左手握棒
向下，使棒畫立圓橫落至小腹前；目視前方。（圖6-43）

圖6-44

5. 丁步下掛（右）

身體重心移向左腿並屈膝，右腿屈膝，右腳跟提起，腳尖著地，同時上體微右轉；隨之右手滑握棒右段上部，兩手握棒，使右段向右後下掛至右膝後；目視右方。（圖6-44）

6. 馬步壓棒

上動不停。右腳向右跨步成馬步；同時，兩手握棒，使棒的右段向上、向前下壓平至腰的右側方，右手心朝下，左手置於腹前，手心朝上；目視右端方向。（圖6-45）

7. 弓步蓋棒

上動不停。右腳外擺，左腳跟外展成右弓步，同時身體右轉；隨之右手滑握右段中部，左手滑握中段，向上、

圖6-45

圖6-46

向前使棒成立圓向下蓋劈至左胸前，手心朝下，右手握棒
至左上臂下，手心朝上；目視前方。（圖6-46）

圖6-47　　　　　　　圖6-48

8. 併步落棒

上動不停。左腳掌左碾，右腳內扣，收至左腳內側成併步直立，同時上體左轉；隨之左手握棒向上，右手握棒向下，使棒畫立圓橫落至小腹前；目視前方。（圖6-47）

第六勢　插步雲撥棒（白雲繞頂）

1. 開步上舉（左）

左腳向左開步，與肩同寬；同時，兩手握棒，向上橫舉至額上方；目視前方。（圖6-48）

2. 插步雲撥

身體重心移向左腿並微屈；左手向後、向右，右手向前、向左，在頭上方按順時針平圓繞棒，隨後兩臂屈肘，使棒橫落於胸前，左臂在上，右臂在下，右手抵於左腋前；接著右腳向左腳後插步，腳掌著地，腳跟抬起成插步，同時，上體微左轉；隨之右手脫棒變掌，架於頭右上方，左手反握棒向

圖6-49

左橫撥，棒的右段抵於後背；目視左手棒端。（圖6-49、圖6-50）

圖6-50

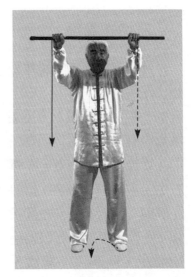

圖6-51　　　　　　　　　圖6-52

3. 雲棒橫舉

　　上動不停。右臂屈肘，右手心朝上，在腋前對把鬆握棒，左臂屈肘，使左手棒段向前、向右繞棒橫於胸前，左手臂在上，右手臂在下；接著右腳向右收成開立步；同時，兩臂上舉於頭上方，左手向後，右手向前，按逆時針方向平圓繞棒，橫舉於額前上方；目視前方。（圖6-51、圖6-52）

4. 併步落棒

　　上動不停。左腳收於右腳內側成併步直立；同時，兩手握棒橫落於小腹前；目視前方。（圖6-53）

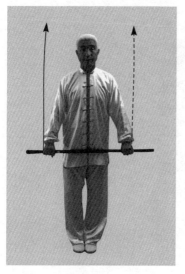

圖6-53

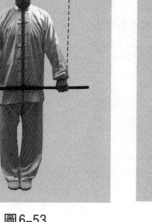

圖6-54

5. 開步上舉（右）

右腳向右開步，與肩同寬；同時，兩手握棒，向上橫舉至額上方；目視前方。（圖6-54）

6. 插步雲撥

身體重心移向右腿並微屈；右手向後、向左，左手向前、向右，在頭上方按逆時針平圓繞棒，隨後兩臂屈肘，使棒橫落於胸前，右臂在上，左臂在下，左手抵於右肘下；接著左腳向右腳後插步，腳掌著地，腳跟抬起成插步，同時上體微右轉；隨之左手脫棒變掌，架於頭左上方，右手反握棒，向右橫撥棒的左段，抵於後背；目視右手棒端。（圖6-55、圖6-56）

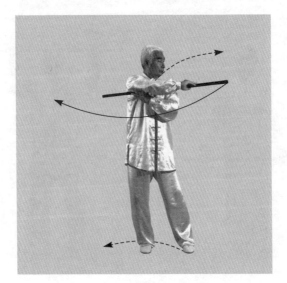

圖6-55

圖6-56

圖6-57　　　　　　　圖6-58

7. 雲棒橫舉

　　右臂屈肘，右手握棒，使右手棒段向前、向左繞，使棒橫於胸前，左臂屈肘，左手在右肘下對把鬆握棒，右手臂在上，左手臂在下；左腳向左收回成開立步；同時，兩手舉棒於頭上方，右手向後、向右，左手向前、向左，按逆時針方向平圓繞棒，橫舉於額前上方；目視前方。（圖6-57、圖6-58）

8. 併步落棒

　　上動不停。左腳收於右腳內側成併步直立；同時，兩手握棒橫落於小腹前；目視前方。（圖6-59）

圖6-59

第七勢　弓步橫擊（力甩拂塵）

1. 滑把平擊（左）

　　兩手握棒，前舉至與胸同高時，左手滑握棒中段向右平擊，右臂屈肘，右手握棒外旋，手心轉向上，使棒置於右胸前；目視前方。（圖6-60、圖6-60附圖）。

2. 丁步背棒

　　上動不停。身體重心移向右腿，兩腿屈膝，左腳跟提起成丁步；同時，右手鬆握棒外旋，屈肘上舉，左手滑握棒的左段下拉，使棒立於右上臂外側；目視左方。（圖6-61）

圖6-60　　　　　　　　圖6-60附圖

圖6-61

圖6-62

3. 弓步橫擊

接上動。左腳向左上步，腳跟著地；同時，右手脫棒，使棒的上段下落，左手握棒橫於胸前，隨之右手下落附於左前臂上；接著重心移向左腿成左弓步，同時上體左轉；隨之左手握棒，向前、向左橫擊於身體左前側，與胸同高，右手臂向前、向右畫弧舉於右前側，腕與肩同高，掌心朝外，指尖斜朝上；目視棒的方向。（圖6-62、圖6-63）

4. 併步落棒

上動不停。右腳前掌右碾，左腳內扣收於右腳內側，併步直立；同時，左手握棒內旋，使棒向下、向右上掛於體前，隨之右手向下、向左接握棒，使兩手握棒橫於小腹

圖6-63

圖6-64

前；目視前方。（圖6-64）

圖6-65　　　　　　　　　圖6-66

5. 滑把平擊（右）

　　兩手握棒前舉至與胸同高時，右手滑握棒中段向左平擊，左臂屈肘，左手握棒外旋，手心轉向上，使棒至左胸前；目視前方。（圖6-65）

6. 丁步背棒

　　上動不停。身體重心移向左腿，兩腿屈膝，右腳跟提起成丁步；同時，左手鬆握棒外旋，屈肘上舉，右手滑握棒的右段下拉，使棒立於左上臂外側；目視右方。（圖6-66）

7. 弓步橫擊

接上動。右腳向右上步，腳跟著地；同時，左手脫棒，使棒的上段下落，右手握棒橫於胸前，隨之左手下落附於右前臂上；接著重心移向右腿成右弓步，同時上體右轉；隨之右手握棒向前、向右橫擊於身體右前側，棒與胸同高，左手臂向前、向左畫弧舉於左前側，腕與肩同高，掌心朝外，指尖斜朝上；目視棒的方向。（圖6-67、圖6-68）

圖6-67

圖6-68

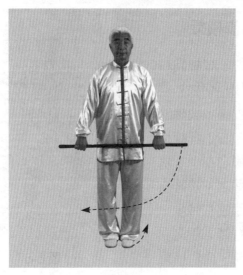

圖6-69

8. 併步落棒

上動不停。左腳前掌左碾,右腳內扣收於左腳內側併步直立;同時,右手握棒內旋,使棒向下、向右上掛於體前,隨之左手向下、向右接握棒,使兩手握棒橫於小腹前;目視前方。(圖6-69)

第八勢　獨立舉棒(金猴奮棒)

1. 弓步蓋棒(左)

右腳向左碾轉,身體重心移向右腿並微屈膝,左腳提起活步,腳尖點地,同時身體左轉;隨之兩手握棒,使左棒段向後下掛,棒斜立於身體左側,右手鬆握右棒段;接

圖6-70　　　　　　　　圖6-71

著左腳向前上步成左弓步；同時，右手向下，左手向上，棒畫立圓，使左棒段向下劈，棒後段抵於左腋下，左手鬆握，手心朝下，右手握棒，手心朝上於左腋前，棒身與胸同高；目視棒前端方向。（圖6-70、圖6-71）

2. 拗弓步蓋棒

上動不停。上體右轉；隨之兩手握棒，使左手棒段向下、向右上掛經右腿前；接著上體左轉；隨之左手向上，右手向下，棒繞立圓，使右手棒段向前蓋出，棒後段抵於右腋下，棒高與胸平，左手心朝上抵於右腋前，右手鬆握棒的中段；目視棒前端方向。（圖6-72～圖6-74）

圖6-72

圖6-73

圖6-74

圖6-75

3. 獨立上舉

接上動。身體重心移向右腿，左腳內扣，上體右轉；兩手握棒，使棒向下、向右畫弧挑舉至右側方；接著身體重心全部移向右腿，左腿屈膝提起成右獨立勢；同時，兩手握棒，向上立舉於頭右側上方；目視左方。（圖6-75、圖6-76）

圖6-76

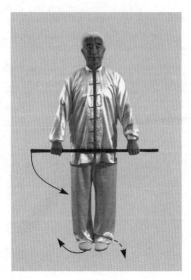

圖6-77

4. 落腳落棒

上動不停。左腳向右腳內側下落成開立步；兩手握棒下落，橫於小腹前；目視前方。（圖6-77）

5. 弓步蓋棒（右）

左腳向右碾轉，身體重心移向左腿並微屈膝，右腳提起活步，腳尖點地，同時身體右轉；隨之兩手握棒，使右棒段向後下掛，棒斜立於身體右側，左手鬆握棒段；接著右腳向前上步成右弓步；同時，左手向下，右手向上，棒畫立圓，使右棒段向下劈，棒後段抵於右腋下，右手鬆握，手心朝下，左手握棒，手心朝上於右腋前，棒身與胸同高；目視棒前端方向。（圖6-78、圖6-79）

圖6-78

圖6-79

圖6-80

6. 拗弓步蓋棒

上動不停。上體左轉；隨之兩手握棒，使右手棒段向下、向左掛經左腿前；接著上體右轉；隨之右手向上，左手向下，棒繞立圓，使左手棒段向前蓋出，棒後段抵於左腋下，棒身與胸平，右手心朝上抵於左腋前，左手鬆握棒的中段；目視棒前端方向。（圖6-80～圖6-82）

7. 獨立上舉

接上動。身體重心移向左腿，右腳內扣，同時上體左轉，兩手握棒，使棒向下、向左畫弧挑舉至左側方；接著身體重心全部移向左腿，右腿屈膝提起成左獨立勢；同時，兩手握棒，向上立舉於頭左側上方；目視右方。（圖6-83、圖6-84）

圖6-81

圖6-82

圖6-83　　　　　　　圖6-84

8. 落腳落棒

上動不停。右腳向左腳內側下落成開立步；兩手握棒下落，橫於小腹前；目視前方。（圖6-85）

收勢（無極勢）

1. 右立棒

身體重心移向右腿；兩手握棒，使棒立於體右側，左手在上，左臂屈肘橫於胸前，右手在下；目視左手。（圖6-86）

圖6-85

圖6-86

2. 併步持棒

　　左腳收至右腳內側成併步直立；同時，右臂屈肘，右手持棒舉於右肩前，左臂下落於身體左側，左指尖貼大腿外側；目視前方。（圖6-87）

圖6-87

第六節 東岳太極棒套路動作名稱

預備勢（無極勢）

第一段

起勢（太極勢）

1. 左手握棒
2. 併步落棒

第一勢 舉棒俯身
　　　（擎天俯地）

1. 開步伸舉（左）
2. 俯身落棒
3. 屈蹲前舉
4. 併步落棒
5. 開步伸舉（右）
6. 俯身落棒
7. 屈蹲前舉
8. 併步落棒

第二勢 弓步推棒（推山勢）

1. 上步斜立棒（左）
2. 弓步斜推棒（左）
3. 擺腳上掛棒（左）
4. 上步斜立棒（右）
5. 弓步斜推棒（右）

第三勢 戳棒彈腿

　　　（左右穿梭）

1. 擺腳上掛棒（右）
2. 上步挑棒（左）
3. 弓步戳棒（左）
4. 彈腿後戳（右）
5. 弓步戳棒（左）
6. 擺腳上掛棒（左）
7. 上步挑棒（右）
8. 弓步戳棒（右）
9. 彈腿後戳（左）
10. 弓步戳棒（右）

第四勢 架棒踢腿（架梁腳）

1. 擺腳下掛（右）
2. 上步橫棒（左）
3. 弓步架棒（左）
4. 架棒踢腿（右）
5. 弓步架棒（右）
6. 扣腳下掛（左）
7. 收腳下掛（右）
8. 上步橫棒（右）
9. 弓步架棒（右）
10. 架棒踢腿（左）
11. 弓步架棒（右）

378

圖 6-88

第七節　東岳太極棒套路動作圖解

預備勢（無極勢）

　　兩腳併攏，身體直立；右臂屈肘，右手握棒，立舉於上體右側前方，左臂自然下垂，左手手指輕貼大腿外側；目視前方。（圖6-88）

　　【要點】虛領頂勁、豎項、沉肩、斂臀收腹，腳趾抓地。思想集中，排除雜念，意識進入練習狀態。右手握棒之下三分之一處（下段）。

圖6-89　　　　　　　圖6-90

第一段

起勢（太極勢）

1. 左手握棒

右手握棒下落，左手至右肩前，握棒於上三分之一處（上段），虎口朝下；目視前方。（圖6-89）

2. 併步落棒

緊接上動。兩臂下落，兩手握棒橫於小腹前；目視前方。（圖6-90）

【要點】1、2兩個分動要連貫完成。左手握棒，左臂

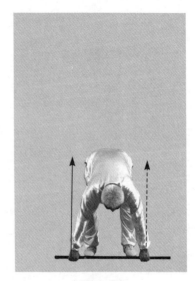

圖6-91 圖6-92

至胸前，手臂不得遮擋面部。

第一勢　舉棒俯身（擎天俯地）

1. 開步伸舉（左）

　　左腳向左開步，與肩同寬；兩臂屈肘，兩手握棒經胸前向上伸舉，將棒橫架於頭上方；目視前方。（圖6-91）

2. 俯身落棒

　　接上動。上體向前俯身；隨之兩手握棒直臂下落；目視棒中段。（圖6-92）

圖6-93 　　　　　　圖6-94

3. 屈蹲前舉

接上動。上體慢慢直起，兩腿屈蹲；兩手握棒橫舉於胸前；目視前方。（圖6-93）

4. 併步落棒

接上動。兩腿慢慢伸起，左腳向右收於右腳內側，兩腳併攏，身體直立；兩手握棒下落橫於小腹前；目視前方。（圖6-94）

5. 開步伸舉（右）

右腳向右開步，與肩同寬；同時，兩臂屈肘，兩手握棒，經胸前向上伸舉，將棒橫架於頭上方；目視前方。

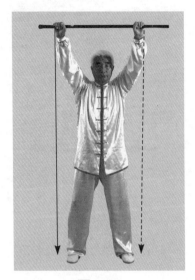

圖6-95

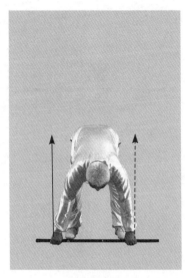

圖6-96

（圖6-95）

6. 俯身落棒

動作同分動2。（圖 6-96）

7. 屈蹲前舉

動作同分動3。（圖 6-97）

8. 併步落棒

動作同分動4，不同之處是收併右腳。（圖

圖6-97

圖6-98

圖6-99

6-98）

【要點】身體前俯時，兩臂伸直，與頭同時下落。兩手臂下落於地面高度，以兩腿的柔韌性而決定。屈蹲前舉時，上體要正直。

【用意】用棒的中段防開對方正面向我紮來的上、中、下槍。

第二勢 弓步推棒（推山勢）

1. 上步斜立棒（左）

右腳內扣，以腳掌爲軸，腳跟外碾，重心在右腿並屈膝，左腳向左上步，腳跟著地；兩臂屈肘，兩手握棒，斜立於身體左前方；目視左前方。（圖6-99）

圖6-100　　　　　　圖6-101

2. 弓步斜推棒（左）

接上動。身體重心慢慢移向左腿成左弓步；同時，兩手握棒，向左前方斜立推出；目視左前方。（圖6-100）

3. 擺腳上掛棒（左）

右腿屈膝，重心後移，左腳尖蹺起外擺，上體微左轉；右手握棒下落至右胯旁，左手握棒，向上、向後左掛於頭部左前方；目視棒上端。（圖6-101）

4. 上步斜立棒（右）

重心移向左腿並屈膝，右腳向前上步，腳跟著地；右手握棒前推，左手握棒回拉，成斜立棒；目視右前方。（圖6-102）

圖6-102　　　　　　　　圖6-103

5.弓步斜推棒（右）

重心慢慢移向右腿成右弓步；兩手握棒，向右前方斜立棒推出；目視右前方。（圖6-103）

【要點】推棒時，右（左）手架於頭部右（左）上方。成弓步時，左（右）手可鬆握棒。

【用意】對方用槍從我側面紮來，我以推法順其槍桿推攔卸掉其槍，以棒下端擊其腹、肋部。

第三勢　戳棒彈腿（左右穿梭）

1.擺腳上掛棒（右）

左腿屈膝，重心後移，右腳尖蹺起外擺，上體微右轉；左手握棒，下落至左胯旁，右手握棒，向上、向後掛

圖6–104　　　　　　　　圖6–105

於頭部右前方；目視棒上端。（圖6–104）

2. 上步挑棒（左）

重心移向右腿，左腳提起，經右腳內側向前上步，腳跟著地，同時，上體右轉；右手握棒回收至右腰間，左手握棒向前上挑，棒的左手端與頦同高；目視棒端。（圖6–105）

3. 弓步戳棒（左）

重心慢慢移向左腿成左弓步；同時，左手滑握棒中段，兩手握棒向左前上方戳出；目視棒端。（圖6–106）

4. 彈腿後戳（右）

左手滑握至棒左段，右手滑握至棒中段；上體向右

圖6-106

圖6-107

轉；兩手握棒向右下後方戳出；同時，右腿由屈到伸，向左前上方彈出，與腰同高；目視右手棒端。（圖6-107）

圖6-108

5. 弓步戳棒（左）

右腳向後落步成左弓步；同時，右手滑握至棒右段，左手滑握至棒中段，兩手握棒，向左前上方戳出；目視左手棒端。（圖6-108）

6. 擺腳上掛棒（左）

動作同分動1，但左右相反。（圖6-109）

7. 上步挑棒（右）

動作同分動2，唯左右相反。（圖6-110）

8. 弓步戳棒（右）

動作同分動3，唯左右相反。（圖6-111）

圖6-109

圖6-110

圖6-111

圖6-112

9. 彈腿後戳（左）

動作同分動4，唯左右相反。（圖6-112）

10. 弓步戳棒（右）

動作同分動5，唯左右相反。（圖6-113）

【要點】戳棒時，後肘不離肋。兩手滑握棒時要靈活，握點要準確。彈腿和後戳棒要同時一致。落腳成弓步和前戳棒要一致。

彈腿的高度以本人腿部的柔韌性而定。

【用意】以我棒頂端攻擊對方頭部和襠部，以腿彈踢對方襠部。

圖6-113

第四勢　架棒踢腿（架梁腳）

1. 擺腳下掛（右）

左腿屈膝，重心後移，右腳尖蹺起外擺，上體微右轉；右手握棒，向下、向後右掛，右手棒段至右膝外側前方，左手握棒至腹前；目視棒右手端。（圖6-114）

2. 上步橫棒（左）

重心移向右腿，屈膝，左腳向前上步，腳跟著地；

圖6-114

圖6-115　　　　　　　　圖6-116

兩手握棒，屈肘橫於胸前；目視前方。（圖6-115）

3. 弓步架棒（左）

重心移向左腿成左弓步；同時，兩手握棒，向前上方架棒至額前上方；目視前方。（圖6-116）

4. 架棒踢腿（右）

重心全部移至左腿，左腿自然伸直，右腿向前方擺踢至棒中段下，腳尖上勾；目視右腳。（圖6-117）

5. 弓步架棒（左）

右腳向後回落成左弓步；兩手握棒，仍架於額前上方；目視前方（東）。（圖6-118）

圖6-117 圖6-118

6. 扣腳下掛（左）

右腳外擺，左腳內扣，上體右轉，重心移向右腿；隨之兩手握棒向右下掛，棒斜置於身體左側，右手扣握，右臂屈肘於胸前，左手握棒於左胯旁；目視棒左手端。（圖6-119）

7. 收腳下掛（右）

身體繼續右轉，重心移向左腿並屈膝，右腳回收，

圖6-119

圖6-120　　　　　　　圖6-121

腳尖點地；同時，兩手握棒，使右手段向右下後方斜掛至
右膝外側前方，左手扣握棒，左臂屈肘貼於胸前；目視棒
右手端。（圖6-120）

8. 上步橫棒（右）

右腳向前上步，腳跟著地；兩手握棒，屈肘橫於胸
前；目視前方。（圖6-121）

9. 弓步架棒（右）

重心移向右腿成右弓步；同時，兩手握棒，向前上方
架棒至額前上方；目視前方。（圖6-122）

圖6-122

圖6-123

10. 架棒踢腿(左)

重心全部移至右腿，右腿自然伸直，左腿向前方擺踢至棒中段下，腳尖上勾；目視左腳。（圖6-123）

11. 弓步架棒(右)

左腳向後回落成右弓步；兩手握棒，仍架於額前方；目視前方（西）。（圖6-124）

【要點】踢腿時，上體

圖6-124

圖6-125　　　　　　　　圖6-126

不要前傾、後仰，支撐腿要站穩，支撐腳腳跟不要抬起。

【用意】對方用棍棒向我頭上擊來，我以棒上防架，以腿踢其襠部。

第二段

第五勢　弓步橫擊（力甩拂塵）

1. 併步平擊（左）

左腳外擺、右腳內扣，右腳向左腳併步，身體左轉，直立，胸朝南；左手握棒外旋，手心朝上，右手滑握棒中段，手心朝下，使棒右手段向左平擊；目視右手棒端。（圖6-125）

圖6-127

2. 丁步背棒（左）

兩腿屈膝，身體下蹲，重心移至左腿，右腳前腳掌點地成右丁步；右手滑握至棒右段下拉，同時左手手腕外翻，屈肘，上提至頭左側，使棒立於左上臂外側；目視右方（西）。（圖6-126）

3. 上步橫棒

右腳向右上步，腳跟著地；同時，右手握棒橫於胸前，左手脫棒變掌附於右手腕上；目視棒中段。（圖6-127）

圖6-128

4. 弓步擊棒（右）

重心慢慢移向右腿成右弓步，上體微右轉；右手握棒向右平擊，棒與右手臂成一條線，左掌臂向左側展開；目視棒前端。（圖6-128）

5. 坐步接棒

重心移向左腿，右腳尖蹺起，右手握棒，使棒由前向上、向左橫落於胸前，左手接棒；目視棒中段。（圖6-129）

6. 併步平擊（右）

身體右轉，左腳上步、內扣，右腳外擺，向左腳併步，身體直立，胸朝北；左手握棒滑至棒中段，手心朝下，右手握棒外旋，手心向上。兩手握棒，使棒左手段向

圖6-129

圖6-130

圖6-130附圖

右平擊，棒舉於右胸前；目視左手棒端。（圖6-130、圖6-130附圖）

圖6-131

7. 丁步背棒（右）

動作同分動2，唯左右相反。（圖6-131）

8. 上步橫棒

動作同分動3，唯左右相反。（圖6-132）

9. 弓步擊棒（左）

動作同分動4，唯左右相反。（圖6-133）

【要點】丁步背棒時，左（右）臂儘量屈肘，使棒緊貼左（右）臂外側。左（右）手翻腕時，主要以食指和拇指控制棒段。左手接棒時，左手虎口與右手虎口相對。

【用意】我一手握棒，擊打對方頭部。

圖6-132

圖6-133

圖6-134　　　　　　　　圖6-135

第六勢　弓步蓋棒（泰山壓頂）

1. 接棒上挑（右）

　　右腳外擺，左腳內扣，身體右轉，重心移向右腿並屈膝成右橫弓步，胸向北；同時，左手握棒內旋，使棒向下、向右掛，右手接握棒右段，屈肘於右腹部，左手滑握棒中段，使左手棒端上挑至身體左上方，與頭同高，左臂屈肘下垂；目視棒上端。（圖6-134）

2. 繞步下掛（左）

　　左腳抬起，經右腳向左前繞步，腳跟落地，腳尖外擺；同時，兩手握棒，使左手棒段向下、向左掛至左膝外

東岳太極拳

圖6–136

側；目視棒下端。（圖6–135）

3. 馬步壓棒（右）

左腳前掌向左碾轉，隨之身體左後轉，同時右腳抬起向右落步成馬步；隨之左手滑握棒端，右手滑握棒中段使右手段下壓，使棒成水平，與腰同高，左手心朝上置於腹部，右臂屈肘，右手手心朝下；目視右手棒端。（圖6–136）

4. 拗弓步蓋棒（左）

右腳外擺，左腳內扣成右弓步；同時，右手、左手依次向右滑握棒，使右手棒端向下回拉，左手握棒向上、向右，使棒順時針轉動至左手棒段下蓋，棒與胸同高，左手手心朝下，右手抵於左肘下，手心朝上；目視左手棒端。

圖6-137

（圖6-137）

5. 轉體上挑（左）

左腳外擺，右腳內扣，身體左轉成左橫弓步；同時，兩手握棒，使右手棒端向左上挑至上體右前方，與頭同高，右臂屈肘下垂，左手置於左腹前；目視右手棒端。（圖6-138）

6. 繞步下掛（右）

動作同分動2，唯左右相反。（圖6-139）

7. 馬步壓棒（左）

動作同分動3，唯左右相反。（圖6-140）

圖6-138

圖6-139

圖6-140

圖6-141

圖6-142

8. 拗弓步蓋棒（右）

動作同分動4，唯左右相反。（圖6-141）

【要點】下掛棒和繞步要協調一致，馬步和壓棒要同時，弓步和蓋棒要同時，合而連貫。

【用意】以棒掛開對方的下紮槍，另一棒段擊打其頭部。

第七勢　插步雲撥棒（白雲繞頂）

1. 開步上舉

右腳外擺，左腳內扣，兩腿成開立步，身體右轉（胸朝北）；右手滑握棒右段，右手向上、左手向下繞，使棒

圖6-143　　　　　　圖6-144

橫舉於頭上方；目視前方。（圖6-142）

2. 屈臂雲棒（左）

重心稍左移；左手向後、向右，右手向前、向左，在頭上方按順時針平圓繞棒，隨後兩臂屈肘，使棒橫落於胸前，左臂在上，右臂在下，右手抵於左肘下，仍對把握棒，但兩手鬆握；目視右方。（圖6-143）

3. 插步撥棒（左）

右腳向左腳左後方插步，腳掌著地，腳跟抬起，重心移向左腿並屈膝，上體左轉；右手脫棒變掌架於頭右上方，左手反握棒向左橫撥，棒要平，棒右段抵於後背；目視左手棒端。（圖6-144）

圖6-145

圖6-146

4. 屈臂接棒

左臂屈肘，使左手棒端向前、向右繞，將棒橫置於胸前，右手在左臂下，對握棒；目視左方。（圖6-145）

5. 轉身雲棒（右）

上動不停。左腳內扣，右腳掌右碾，身體繼續右後轉成開立步，胸向南；同時，兩手握棒，兩臂上舉，左手向後、右手向前繞，使棒按逆時針轉，使棒橫舉於頭上方；目視前方。（圖6-146）

6. 屈臂雲棒（右）

動作同分動2，唯左右相反。（圖6-147）

圖6-147

圖6-148

7. 插步撥棒（右）

動作同分動3，唯左右相反。（圖6-148）

圖6-149　　　　　　　　圖6-150

【要點】繞棒，即雲棒，是單手或者雙手握棒在頭上方儘量做平圓運動。插步、撥棒要同時完成。動作要連貫、圓活，步法穩健。

【用意】是棍棒兩端連續橫擊的技法。

第八勢　獨立舉棒（金猴奮棒）

1. 撤步挑棒（右）

重心移向左腿並屈膝，右腳後撤成左弓步；右手握棒，使右手棒端向下、向左前挑，左手接握棒置於右肘下；目視右手棒段。（圖6-149）

圖6–151

2. 轉體掛棒（右）

　　上動不停。右腳碾轉，左腳內扣，重心移向左腿，右腳後收，腳尖點地，身體右後轉；兩手握棒，使棒右手端向上、向右、向下後掛至右膝外側；目視棒左手端。（圖6–150）

3. 弓步蓋棒（右）

　　上動不停。右腳向前上步成右弓步；左手向下、右手向上繞，使右手棒段向前蓋出，棒端與肩同高，左臂屈肘，左手握棒至右腋下；目視右手棒端。（圖6–151）

4. 轉體掛棒（左）

上動不停。上體左轉；兩手握棒，使右手棒段向下、向左掛，掛經左腿前方；目視棒端。（圖6-152）

5. 拗弓步蓋棒（左）

上動不停。上體右轉；右手向上、左手向下繞立圓，使左手棒段向右前方蓋出，棒高與肩平，右手握棒抵於左肘下；目視左手棒端。（圖6-153、圖6-154）

圖6-152

圖6-153

圖6-154

圖6-155

6. 轉體挑棒（左）

左腳外擺，右腳內扣，重心移向左腿，上體左轉；兩手握棒，使棒向下、向左挑舉至左前方，棒高與肩平；目視左手棒端。（圖6-155）

7. 獨立上舉（左）

重心全部移向左腿，右腿提膝，上體微右轉，成左獨立；同時，兩手握棒，向上立舉於頭左側上方；目視右方。（圖6-156）

8. 虛步掛棒（左）

右腳落地內扣，左腳掌碾動，腳尖點地，成左高虛步，身體左轉；同時，兩手握棒，使左棒段向下沿左膝外側後掛，斜立棒於身體左側；目視前方。（圖6-157）

9. 弓步蓋棒（左）

左腳向前上步成左弓步；同時，右手向下、左手向上繞，使左手棒段向前蓋出，棒高與肩平，右臂屈肘，右手抵於左腋下；目視左棒端。（圖6-158）

圖6-156

圖6-157

圖6-158

圖6-159

10. 轉體掛棒（右）

動作同分動4，唯左右相反。（圖6-159）

圖6-160

圖6-161

11. 拗弓步蓋棒（右）

動作同分動5，唯左右相反。（圖6-160、圖6-161）

圖6-162

12. 轉體挑棒（右）

動作同分動6，唯左右相反。（圖6-162）

13. 獨立上舉（右）

動作同分動7，唯左右相反。（圖6-163）

圖6-163

圖6-164

14. 落腳落棒（左）

左腳下落，成開立步；同時，兩手握棒橫立於小腹前，胸向南；目視前方。（圖6-164）

【要點】動作要連貫。左右繞棒時，棒在體側要成立圓。獨立舉棒時，臂要上舉，立腰。提膝腳面繃平、內扣，支撐腿要站穩。

【用意】此動作是舞花棍的技法，實則是以棒的兩端連續下掛打擊對方頭頂的技法。

圖6–165　　　　　　　　　圖6–166

收勢（三才勢）

1. 側立棒（右）

重心移向右腿並屈膝，左腳跟抬起，上體微右轉；兩手握棒，立於上體右前方，左手握棒於右肩前；目視棒左手段。（圖6–165）

2. 併步持棒

左腳收至右腳內側，兩腳併步直立；左手脫棒，左臂下落至身體左側，手指尖輕貼大腿外側，右臂屈肘，右手握棒立於上體右前方；目視前方。（圖6–166）

【要點】同預備勢。

東岳太極棒

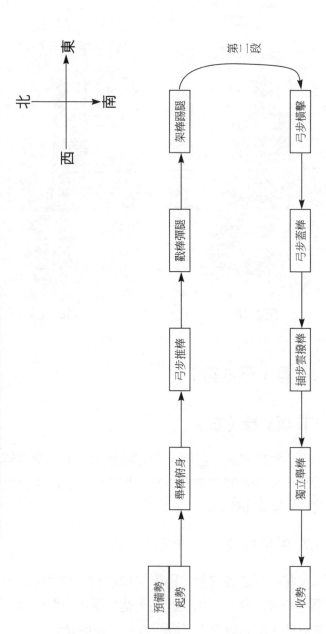

東岳太極棒動作路線示意圖

東

南

北

西

第一段

第二段

預備勢
起勢

舉棒俯身

弓步推棒

戳棒彈腿

架棒踢腿

弓步橫擊

弓步蓋棒

插步雲撥棒

獨立舉棒

收勢

第七章

太極拳推手基本技法
練習

第一節　太極拳推手簡介

　　太極拳推手是兩人手臂接觸、相互配合、由皮膚的觸覺和神經末梢的反應進行太極拳的聽勁、懂勁的對練。

　　遵循「粘連黏隨」「不丟不頂」「曲中求直」的原則，運用基本動作，根據太極拳的十三式（掤、捋、擠、按、採、挒、肘、靠、進、退、顧、盼、定）的勁法，兩人協同做太極圓轉運動，從而達到提高太極拳技藝和健身的目的。

　　這裡介紹的是原地定步推手基本技法的練習，主要分單推手和雙推手兩部分。

　　熟練後，雙方可以進退步搭手互換練習（反正打輪），進而兩人「以靜制動」「以柔克剛」「以小制大」，以陰陽互動的哲理觀進行和諧的意、氣、勁的攻守練習，此為「由著熟而漸悟懂勁」的練法。

　　由推手的基本練習，逐步領會和掌握太極拳的立身中正、中心穩定、以身帶臂、上下相隨、轉換靈活、整體協調的互相關聯的原則，以及太極拳勁法的運用。

　　為了推廣太極拳推手運動，我們曾在中國武術研究院的領導下，集中全國太極拳專家、學者給亞洲武術聯合會寫了《太極推手對練套路》（現已在全日本推廣），其中最核心的部分即是「定步推手基本技法練習」。

　　本書推手簡報者分稱甲方、乙方；女為甲方，男為乙方。為表述清楚，對動作作了圖像和文字的分解說明，以

對自學者練習提供幫助。

圖像中的動作路線、位置受到角度方向的限制而難以體現，故以文字說明為準。

第二節　推手禮儀

甲乙雙方相對站立，做預備勢後，施抱拳禮。抱拳禮的做法是：

身體併步直立；兩臂屈肘於胸前，左手四指併攏伸直，拇指屈攏，右手握拳，左掌心抱貼右拳面，左指根線與右拳棱相齊，拳掌合於胸前，與胸相距本人的2～3拳（20～30公分）；頭要正，目視受禮者，面容舉止自然大方。（見圖示）

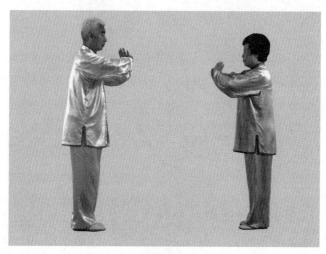

推手禮

第三節　單推手

一、平圓單推手

女爲甲方，男爲乙方。

（1）預備姿勢：

甲乙相對站立，相距以雙方兩臂握拳前平舉，拳面相接觸爲準，身體自然放鬆；目視對方。（圖7-1）

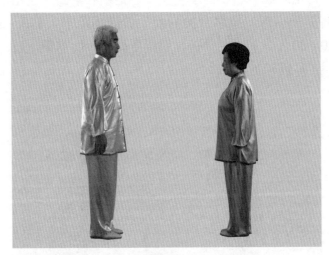

圖7-1

（2）甲乙身體微向左轉，雙方右腳均向前邁出一步，兩腳內側相對，腳尖向前，甲乙右腳相距10～20公分；同時雙方右手向前伸出，手臂稍屈，手背相貼，手腕

圖7-2

圖7-3

交叉（通稱「搭手」），左手均自然下垂；重心均落於兩腳之間，稍偏於後腳，後腿屈膝半蹲；目視對方。（圖7-2）

【要點】雙方搭手時，注意手腕與肩平，各含「掤勁」，既不可過於用力相頂抗，亦不可軟而無力。

（3）甲身體重心略向前移，右腿前弓；以右掌向前平推，按向乙右胸部。（圖7-3）

（4）乙承接甲之按勁，重心稍後移，左腿稍屈，上體右轉；以右掌向右引甲右手，使其不能觸及胸部而落空。（圖7-4）

（5）乙隨即順勢用右掌向前平推，按向甲右胸部。（圖7-5）

（6）甲同樣用右手承接乙之按勁，重心稍後移，左腿稍屈，上體右轉；以右掌向右引乙右手，使其落空。

427

圖7-4

圖7-5

圖7-6

（圖7-6）

　　如此循環練習，雙方推手路線成一平圓形。平圓單推

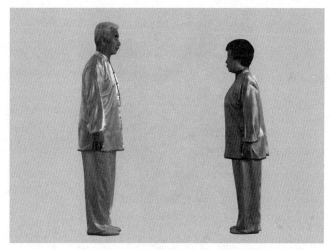

圖7-7

手也可以左腳在前換左手練
習，方法相同。

【要點】一方用按勁推
按對方，對方則用「化」勁
化開，「化」時應注意轉腰
坐胯，以腰帶手，協調一
致。雙方手臂要保持掤勁，
進退相隨，不可僵硬，動作
粘連黏隨，不丟不頂。雙方
左手自然置於左側。

圖7-8

二、立圓單推手

（1）預備姿勢：與單手平圓推手相同。（圖7-7）
（2）同平圓單推手（2）。（圖7-8）

圖7-9

（3）甲用右手指尖向乙面部伸插，重心略向前移，右腿隨之前弓；乙以右手用掤勁承接甲之來勁，順勢重心略後移，左腿屈膝，向右轉體，將甲右掌引向頭部右前側，使其落空。（圖7-9）

（4）乙順勢將右掌置於甲右手腕上，向下繞弧切按，隨即重心前移，右腿前弓，用右手指尖向前伸插甲腹部；甲以右手用掤勁承接乙之來勁，右臂順勢回收，同時重心後移，屈左腿，向右轉體，將乙右手引向體右胯側，使其落空。（圖7-10、圖7-11）

（5）甲再將右手弧形上提至頭部右側向乙面部伸插；乙仍如前順勢將甲右手引向頭部右前側，使其落空。（圖7-12、圖7-13）

如此循環練習，雙方推手路線成一立圓形。

立圓單推手亦可出左腳在前，搭左手練習。

圖7-10

圖7-11

圖7-12

圖7-13

　　【要點】兩人搭手推成立圓，要注意沉肩垂肘，勿聳肩提肘。

431

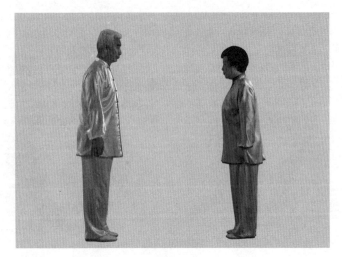

圖7-14

三、折疊單推手

（1）預備姿勢：與單手平圓推手相同。（圖7-14）

（2）同平圓單推手（2）。（圖7-15）

（3）甲右手向乙面部內旋伸插（掌心向下），重心向前移，右膝前弓；乙以右手用掤勁承接甲之來勁，重心稍後移，左腿屈膝，向右轉體，將甲右手引向頭部右側；乙繼續向右轉體，坐胯，右臂外旋，掌心向上，掌背壓於甲右手腕上，向下繞弧引帶，將甲右手沉壓至右胯旁。（圖7-16、圖7-17）

（4）乙順勢右手內旋，弧線上提，向甲面部伸插，重心隨之前移，右腿前弓；甲右手黏隨乙之右手來勢，重心後移，左腿屈膝，身體右轉，將乙右手引向頭部右側；甲繼續轉腰坐胯，右臂外旋，使掌心向上，掌背壓乙右手

圖7-15

圖7-16

圖7-17

圖7-18

圖7-19

腕上，向下繞弧引帶，將乙右手沉壓至右胯旁。（圖7-18、圖7-19）

（5）甲順勢將右手內旋，繞弧線上提，向乙面部伸插；乙又以右手用掤勁承接甲之來勁，重心後移，轉腰坐胯，將甲右手引向頭部右側。（圖7-20）

由此循環練習。此練習亦可左腳在前，搭左手進行練習。

圖7-20

【要點】走化對方來勢時，要注重轉腰坐胯，以身帶臂，化解對方勁路。

第四節　雙推手

一、平圓雙推手

（1）預備姿勢：甲乙相對站立，相距以雙方兩臂握拳前平舉、拳面相接觸爲準。雙方右腳向前上步，兩腳內側相對，相距10～20公分；雙方身體重心稍偏左腿，左腿屈蹲；同時雙方右手向前上舉，臂微屈，手背相貼，手腕交叉相搭，左手掌扶於對方右肘部；目視對方。（圖7-21、圖7-22）

（2）甲右手內旋，掌心按在乙右手腕上，向下、向前推按，左手同時扶乙右肘部向同一方向推按，使乙右臂

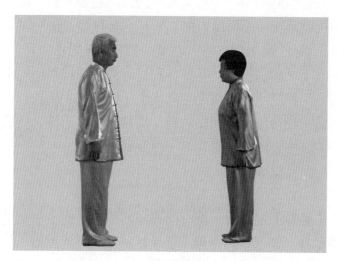

圖7-21

圖7-22

貼於胸部（通稱爲「按」）；乙以右臂用掤勁承接甲按勁，同時左手掌扶於甲右肘部向後引，重心後移，左腿屈蹲，身體微向右轉，用右臂將甲按勁向右引，左手輔助，使甲按勁落空（通稱爲「化」）。（圖7-23、圖7-24）

（3）乙順勢翻右掌，右掌心按於甲右手腕上，同時兩手向下、向前推按，其動作和目的與甲用按勢相同；甲右臂則用掤勁承接乙按勁並向後引，同時左手掌扶於乙肘部，重心稍後移，上體微右轉，用右臂將乙方按勁向右引化，使其按勁落空（圖7-25、圖7-26）。

由此反覆練習。

【要點】推按時，重心前移向前弓步，向後引化重心後移坐身，進退掌握得體。雙手粘連黏隨不能脫離，領會順勢走化、隨屈就伸的虛實變化。

圖7-23

圖7-24

圖7-25

圖7-26

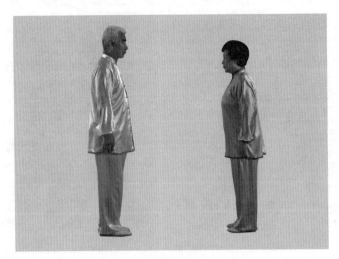

圖7-27

二、立圓雙推手

（1）預備姿勢：與平圓雙推手相同。（圖7-27、圖7-28）

（2）甲右手向乙面部內旋伸插，左手扶乙右肘部，重心稍前移，右腿屈膝前弓；乙以右手用掤勁承接甲之來勁，左手扶於甲右肘部，重心稍後移，左腿屈膝，向右轉體，將甲右掌引向頭部右側，使其落空。（圖7-29）

（3）乙順勢將右掌置於甲右手腕上，向下弧線切按，左手同時向下按甲右肘部至腹前，重心前移，右腿屈膝前弓，右手向前伸插甲腹部，左手扶於甲右肘；甲以右手用掤勁承接乙之來勁，右臂順勢回引，左手扶於乙右肘部，重心後移，左腿屈膝後坐，向右轉體，將乙右手引向右胯側，使其落空。（圖7-30、圖7-31）

圖7-28

圖7-29

圖7-30

圖7-31

（4）甲再將右手弧形上提至頭部右側向乙面部伸插，左手扶於乙右肘部，重心前移，右腿屈膝前弓；乙如

圖7-32　　　　　　　　　圖7-33

前勢，用掤勁將甲右手來勢向後引向頭右側，使其落空。

（圖7-32、圖7-33）

如此循環反覆練習。

雙手立圓推手可以左右腳及左右手互換練習。

三、折疊雙推手

（1）預備姿勢：與平圓雙推手相同。（圖7-34、圖7-35）

（2）甲右手內旋，向乙面部伸插，重心前移，右腿屈膝前弓，左手扶於乙右肘部；乙以右手用掤勁承接甲之來勢，左手扶於甲右肘，重心後移，左腿屈膝，身體微右轉，右臂外旋屈肘，使右掌心向上翻於甲右手腕上，向下弧線引帶，沉壓甲右手至右腹前，重心後移，右腿屈膝前弓。（圖7-36、圖7-37）

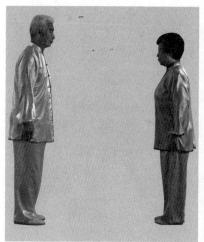

圖7-34

圖7-35

圖7-36

圖7-37

（3）乙將右手弧線上提，向甲面部伸插，左手扶於甲右肘；甲隨勢重心後移，以右手用掤勁承接乙之來勢，

圖7-38　　　　　　　　　　　　圖7-39

　身體微右轉，左腿屈膝後坐，右臂外旋，屈肘，使右掌心
向上翻於乙右手腕上，向下弧形路線引帶，沉壓乙右手至
右腹前，左手扶於乙右肘。（圖7-38、圖7-39）

　　（4）甲將右手沿弧形路線上提，向乙面部伸插，重
心前移，右腿屈膝前弓；乙隨勢重心後移，以右手用掤勁
承接甲之來勁。（圖7-40）

　　如此循環反覆練習。雙手折疊推手可以左右腳及左右
手互換練習，方法相同。

四、四正手

　　（1）預備姿勢：與平圓雙推手相同。（圖7-41）

　　（2）掤勁：雙方用右臂相搭做搭手式，各含掤勁，
同時左手掌扶於對方右肘部。（圖7-42）

　　（3）捋勢：乙右手承接甲右手之掤勁，身體稍右

圖7-40

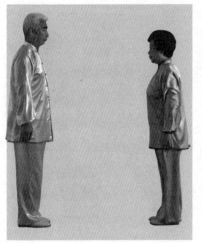

圖7-41

圖7-42

轉，將右臂向右後引，右手腕粘住甲右手腕內旋翻轉，用
掌心貼附於甲右腕，左手扶於甲右肘部，順甲右手之掤

443

圖7-43

圖7-44

勁，重心後移，屈左腿，坐胯，向右轉腰，兩手向右後引甲右臂（成捋勢動作）。（圖7-43）

（4）擠勢：甲順乙捋勢，身體向右轉，以右前臂平擠乙胸部，左手貼在右臂內側輔助，迫使乙兩手擠於胸前，將乙的捋勢化解。（圖7-44）

（5）按勢：乙順甲之擠勢，身體左轉，兩手同時

圖7-45

向前、向下推按甲左前臂，使甲擠勁落空。（圖7-45）

（6）甲以掤勁承接乙之按勢，用左手背接乙左手，

圖7-46

圖7-47

以左肘接乙右手，右手由下
向右繞出，扶於乙左肘部，
重心稍後移，左腿屈膝，身
體微向左轉，左臂掤住乙之
按勢向上弧形路線引伸，雙
方搭手成掤勢，右手扶於對
方左肘部。（圖7-46、圖
7-47）

　　（7）甲身體繼續左
轉，左手內旋翻轉粘住乙左
手腕，右手扶乙左肘，向左
後引乙左臂成捋勢。（圖
7-48）

圖7-48

圖7-49　　　　　　　　圖7-50

（8）乙順甲挒勢，右手扶於左臂內側，身體向左轉，以左前臂平擠甲胸部形成擠勢；甲順乙之擠勢，身體向右轉，重心後移。（圖7-49）

（9）甲重心前移，右腿屈膝前弓，兩手向下、向前按乙左前臂，形成按勢。（圖7-50）

（10）乙順甲按勢，用右臂掤住甲按勁，左手由下向左繞出，扶於甲右肘部，身體略右轉，重心稍後移，左腿屈膝，同時右臂向上、向右弧形引伸，雙方形成搭手掤勢。（圖7-51、圖7-52）

（11）乙身體繼續右轉，兩手搭扶甲右臂成為挒勢；甲則順勢變為擠勢。（圖7-53、圖7-54）

如此循環反覆練習。

以上推手基本動作練習，甲乙雙方可互換運轉方向，左右勢可以交替進行。練習時要做到圓活連貫，上下相

圖7-51

圖7-52

圖7-53

圖7-54

隨，左右呼應，順勢走化，悉心體會掤、捋、擠、按四種
技法的勁力、勁路變化和運用的規律。

拳諺云：「掤捋擠按須認真，上下相隨人難進；任他巨力來打我，牽動四兩撥千斤；引進落空合即出，粘連黏隨不丟頂。」可見四正手的訓練是非常重要的。

　　注：

　　每一個推手練習完畢後，甲乙雙方前腳向後收至後腳內側成併步直立，兩臂下落至大腿外側，掌指尖輕貼大腿側，以此作爲每個推手的收勢。

附錄一

東岳太極拳創立十周年感言

昌滄

（一）

一件新鮮事物的誕生或發現和發展，竊以爲有幾個基本條件。由門惠豐和闞桂香兩位教授編創的東岳太極拳，正是具備了這些基本條件。

關鍵是「機遇」。那是 2000 年人類社會的新世紀開端，中央電視臺有個新的創意：在人文薈萃的泰山之巔——堯觀頂，用中國優秀傳統文化的武術太極拳，來迎接 21 世紀的第一縷曙光。

誰去完成這一神聖的使命呢？這也是有條件的。此人既要武德高尚，又要技藝精湛，且外表還要得體。因他代表我炎黃子孫的形象，對拳術的要求，既要體現咱中國人的精、氣、神，又要展現武術文化內涵的精髓，且應十分精練。經由央視航拍轉播，讓全球 150 多個國家和地區、約 40 億人收看這一壯舉，顯示出它的無窮魅力，以造福於人類的健康。經中國武術協會慎重考慮，推薦了鶴髮童顏、德藝雙馨的武術名家門惠豐教授。

這也不是偶然的。老門和夫人桂香確有這個實力。他們很勤奮，從小就酷愛武術，常年堅持習練不輟，且悟性

又高，因而他們對武術及其太極拳由著很深的造詣。

有這樣一個故事：當年他倆的婚約，就與太極拳結緣。相約，桂香從北京體育學院（即今北京體育大學）畢業後，先回故鄉河南，把陳式太極拳的精髓學到手，鬥再「拜她為師」，共同掌握與提高後，才能結婚。桂香被分配在汲縣師範學校任教，每逢節假期，就去溫縣陳家溝學陳式拳藝及技理。功夫不負苦心人，幾易寒暑，終而學成，他們也就喜結良緣了。此事，在武術界一時傳為佳話。

透過長期實踐，他們在「繼承優秀傳統文化的基礎上，博採眾長，兼收並蓄，融會傳統太極拳主要流派及其他武術門派的功法、技理，選精拔萃，求真創新」，吸其精髓，精心切磋，提煉簡約，終於創編出了新的15式太極拳。他們在編創之初開宗明義地表示：本拳「尚武崇德，修身養性，傳承文化，光大武術，走向世界」。正如徐才先生所揭示的「武術源於中國、屬於世界」。這套太極拳正好符合央視編導們的意圖。

（二）

泰山是世界人類自然與文化遺產，是中華民族精神的象徵。武術能與泰山結緣，是一種華夏武術文化與偉大自然景觀的有機融合，體現了「天人合一」的理念。

這使我感到老鬥和桂香高瞻遠矚的思維。他們沒有把自己編創的太極拳，繼五式太極拳之後，定為什麼「鬥式（氏）、闞式（氏）」之類，而是與特定的環境和機遇相結合，順理成章地定為「東岳太極拳」。

據人民體育出版社老編輯說，在上世紀50年代，社裡決定出版陳王廷、楊露禪、吳鑒泉、武禹襄及孫祿堂等武林前輩各自創編的太極拳，但有一個簡約的命名問題。編輯部一致同意冠以各自姓氏，來充分肯定他們辛勤的勞動成果和對傳統太極拳發展的卓越貢獻。但在用「氏」還是用「式」時，又費了一番周折，在徵求各方面的意見後，決定統一用「式」，因這更能顯示它們廣泛的群眾性和長遠的社會意義。

這次老門和桂香又開了一個好頭。首開其頭的是著名武術家李天驥，由他集中了眾議後，首次創編的《二十四式太極拳》（即《簡化太極拳》），就沒有冠天驥的名或姓。

（三）

太極拳能與泰山結緣，是人民共和國的盛世盛舉之一，中外廣大武術工作者和愛好者都爲之雀躍。可此舉後，我聽到一些議論，甚至還有些不太和諧的聲音。我想，不管這種議論和聲音是從什麼角度來考慮的，都說明了人們在關注它。這是好事，應該肯定，因爲可以鞭策這套拳的健康發展，以臻於完善。

讓實踐去檢驗吧！「十年磨一劍」嘛！10年來，這套拳不斷發展和豐富著。它不僅有拳，且有刀、槍、劍、棍等器械，還有養生功法，其理論也較系統了。

我曾採訪過東岳太極拳第二屆學習培訓班。教學現場有一位紅光滿面的女性，練起這套拳來有模有樣，引起我的關注。原來她是個老學員，是安徽崮鎮縣糧油供銷公司

的女經理。她說：「第一次來學拳時，是兒子陪我來的。當時我渾身都是病，幾乎不能自理，學練了東岳太極拳以來，身體奇蹟般地好了。這次是我自個兒來的。」她還教了一些同病相憐者，他們身體大都逐漸好起來了。

我還發現一家幾口一起學這套拳械，一問，是日本朋友安部哲也，日本大分縣太極拳協會的會長，偕夫人及孩子們遠道而來。他說：「我練了三十多年的太極拳，收穫很大，但我練了東岳太極拳後，感到它有了新的發展，其健身特點特別突出，所以我們全家都來了。」

據《歷程》載：十年求索、十年發展。目前東岳太極拳已傳至十多個國家和地區，海內外學練此拳的已有數十萬人，此拳已被接納爲正式武術比賽項目。於是我有感而吟：

伏羲八卦演太極，堯觀定，添業績。

門、闓創拳門來演，任人評說且莫計。

「太極拳好」小平贊，實踐眞知耐得寂。

傳承創新乃規律，五湖四海傳奇跡。

2010 年 11 月 2 日於望湖樓

附錄二

東岳之花綻放矽谷

王友唐

一、 為何東岳太極拳能落戶矽谷？

2010年7月10日東岳太極拳北美分會在矽谷正式成立了，東岳的「女寨主」闞桂香教授榮當主席。太極之花在矽谷光榮綻放，不僅是奉獻給東岳太極拳十年慶典的厚禮，而且更表明了東西文化的融會之腳步加速了。

以半導體元材料「矽」命名的美國矽谷是聞名遐邇的高科技之都、創業天堂，這裡不僅有大學幾十座，還有幾千家公司，其中包括軟體大老微軟、時尚達人蘋果、搜尋引擎大王谷歌等。如此燦爛奪目的時代先鋒與古老的太極拳親密接觸引起我的興趣，這兩件看似風馬牛不相及的事怎麼能相互牽手呢？

當今，全球一體化，天涯若比鄰。以往那種東西方之間的隔閡和意識形態的各異，隨著社會的進步、科技的騰飛，一個個藩籬不攻自破，逐步被形勢所淘汰。一種全新的東西文化的相互接近、滲透、借鑒，已成不可阻擋之勢。

我國國際地位的大幅提高，在世界上的影響力日益高漲，是促進武術騰飛的大背景。冷戰結束後，全球進入相

453

對平穩發展的階段。我國經濟迅猛前進，現今已超日本，成為僅次於美國的世界第二大經濟體。尤其是北京奧運會之後，世人對文明古國——中國不得不刮目相看，我們的話語權明顯提升，在所有全球性活動中，我國已是不可或缺的力量，特別是以孔子學院為代表的中華文化正在逐步被各國人民所接受……所有這些都為武術在世界的推廣創造了條件。

東岳太極拳正是在這樣的歷史背景之下走進矽谷的。正如徐才先生早就說過的「資訊社會需要高技術與高情感相平衡，能夠導致平靜與安寧感情的太極拳，就是達到這種平衡的一種絕妙運動」。如今他老人家的預言已越來越變成了現實。

太極拳早已有之，我國改革開放已過三十年，為何不早不晚，此時東岳太極拳能登陸矽谷呢？我以為除了時代背景之外，還有其特有的元素：

1. 新而精

太極拳源遠流長，豐富多彩，門派繁多，其中廣為流傳的除了國家體委組織專家編創、推廣的24式等，就是陳、楊、吳、武、孫五大流派了。與其相比，東岳太極拳僅有10年的歷史，在太極拳百花園裡屬於「新」派。

眾所周知，任何事物的發展變化都是推陳出新。新事物的誕生總是在總結、借鑒前人的成果、經驗之後，結合自己的研究，適應當下形勢進行再創作而成的，東岳太極拳也不例外。所以說，東岳占了「新」的先機。

新編者可以從舊的東西裡篩選精華，剔除糟粕；新編

者有條件與時俱進，根據現實的需求刪減增補。最重要的一點是當代人，尤其是外國人容易理解與接受新東西。

吐故納新是社會發展的規律，喜新厭舊爲人之天性。東岳太極拳正是貼上了新標籤，才容易被矽谷的「新新人類」所青睞。

「精」是東岳太極拳的又一亮點。最初的東岳太極拳要求在5分鐘之內打完，在特定的時間框架內，只有將浩瀚的太極拳精心地濃縮，精中取精，優中選優，才可能反映出它的精髓。

這就需要編創者既要能海納百川，又要能不受門派羈絆，融會貫通，使整套新拳法既似帶有每個流派的印記，又會獨立成章，處處彰顯太極魅力。

門、闞二位教授長年從事武術教學，博覽群書，領略過各種流派的風采。接到任務後，他倆絞盡腦汁，嘔心瀝血，猶如蜜蜂採蜜，梳理傳統流派，挑選最有代表性的招式，巧妙地裁減，有機地串接，最終讓東岳太極拳穿上中華文化的美麗服飾，迎著新世紀的第一縷霞光冉冉升起。

「新」和「精」是東岳太極拳的主要特質，新即推陳出新，精即精益求精。

2. 教授的身份很重要

老師的職責爲教書育人，傳道、授業、解惑。而一般傳統武術多爲口傳身授，掌門人大多爲該拳法的N代傳人，而東岳太極拳則與眾不同，掌門人爲教授。傳人的優勢在於嫡系直傳，能較好地保障原汁原味。而教授則不受「原汁原味」的拘束，可以更好地迎合時代的需求。

世界上的任何事物都是後浪推前浪，一代更比一代強，武術亦是如此。比如，李小龍向葉問老師學了詠春拳，而他的貢獻是在其基礎上編創了截拳道，並在電影和實踐中頻頻發威。門、闞二位教授編創東岳太極拳同樣是在繼承傳統的基礎上編創的新作。

我以為隨著社會的進步和科技的發展，武術的普及與提高也要插上時代的翅膀，從這個角度看，教授要比單純的傳人視野更開闊，知識更淵博，更有可能創造新奇蹟。當然，傳人如果不拘泥於故有的門戶，博採眾長，同樣也會像教授一樣將本門派帶上更新的臺階。「家業」要守好，守好是為了事業的可持續發展。

3. 應當感激泰山

東岳即泰山。我採訪過東道主泰安市委宣傳部長孫承志，據他講，起初關於千禧之年第一縷霞光的報導設計了幾個方案，幾經周折，最後選中了泰山頂上打太極拳。

10年前，正值世紀交替的千禧之年，各國媒體都在絞盡腦汁策畫如何報導新世紀第一縷曙光從地平線上徐徐升起的盛況。中央電視臺與BBC、CNN聯手策畫，想從亞洲、歐洲、美洲等地選擇景點，用不同的手法，採集豐富多彩的畫面，向全球播出。

看日出的景點多如牛毛，僅在國內就不計其數，但就名氣和代表性而言，「登泰山，看日出」的知名度最高。泰山為五嶽之首，有25億年的歷史，它拔地通天，氣勢磅礴，融雄偉壯麗的自然風光和悠久的傳統文化於一體，不愧為天然的山嶽公園、中華民族歷史文化的縮影。泰山還

是我國第一個被聯合國教科文組織列爲世界自然與文化遺產的風景名勝，在全球頗具影響力。

策畫者認爲，單單只是泰山尙顯單薄，要爲其選擇「合作夥伴」。候選者很多，比如第一爐鋼水，第一張報紙，第一艘遠洋船起航，第一聲雞鳴，第一聲晨鐘……所有這些與氣勢磅礴的泰山結合總欠貼切。於是人們想到了蘊藏深厚文化內涵的太極拳，覺得太極拳爲中國特有的拳術，其拳理高深莫測，天人合一，如果請一位著名武術家站在泰山之巔，日出之際，面向東海翩翩起舞……屆時，泰山與太極巧妙地結合，猶如掛在天際一道金色的彩虹，將雄偉壯觀的山川、豐富多彩的文化哲理等中國元素串聯在一起，全球觀眾可以透過畫面，欣賞到多姿多彩的中華山水與文化。於是央視向國家體育總局求援，幫他們物色一位年長的太極名家擔此重任。

經過研究，推薦門惠豐教授上山打拳。熟悉他的人都知道，無論從太極功力，還是修養與學識，門老師確實具備了條件，尤其是他那俠風道骨式的滿頭銀髮，更給電視畫面錦上添花。出發前，昌滄老師和我曾到門府，老教授拿出幾套功夫裝，讓我倆參謀，雖說只是媒體的節目，可門老師卻把它當成國家任務去完成的，足見他對肩上的擔子是多麼重視！

他還一再表示：我是在這個特別的時刻代表武術界在泰山之巔展示太極拳的，因此一定要表現出武術的魅力，不能出現點滴差錯。

古語稱「時勢造英雄」。東岳太極拳爲時代的產物，「千禧」「泰山」、電視直播給這朵武術百花園中的奇葩

增添了亮點。應當說，沒有這些元素，也可能沒有今天的東岳太極拳。

二、太極拳姓「公」

在武術界對東岳太極拳有些議論，我覺得有人關注是好事，如果沒人議論就如泥牛入海了，等於白乾。我是外行，對於這個是「你的」、那個是「他的」弄不明白。但我記得上個世紀徐才先生主管武術時，組織了全國性的武術挖掘整理工作，其目的只有一個：爲了更好地繼承與發展武術，而絕非是分清誰是誰的。

武術是中華民族的優秀文化遺產，太極拳姓「公」。雖然其中的流派各有差異，發祥地和原創有別，但它不是、也不能歸爲己有。孔子的Ｎ代孫只是也姓孔，孔子的儒家學說與他有關係嗎？

太極拳亦是如此。東岳只是個山名，原本與太極拳沒任何關係，因爲千禧之年門老師在泰山之巔展示了太極拳，並將其傳播開來，才有了東岳太極拳。

我以爲門老師的睿智之處在於：他沒有將臨時編創的太極拳當成一次性消費，而是加工整理，自成體系，讓更多的人分享。如今東岳太極拳已在十多個國家和地區流傳，習練人數已達數十萬人，顯示了其旺盛的生命力。

編創不等同原創，一般文章都要經過責編的精心刪改才可能發表，但編輯不是作者，而是加工者，但高水準的編輯會使文章錦上添花，所以編輯亦功不可沒。編創拳法也是一樣，大都是從前人那裡「偷菜」，流行最廣的、紹祖登臺表演的24式簡化太極拳雖然沒有署名，但業內沒人

不知曉李天驥老師的功績。

在武術項目中，太極拳最受百姓寵愛，四川彭山縣率先將當地的彭祖太極拳替代課間操，要求中小學生天天習練。中國武協審時度勢，以太極拳為開路先鋒，再次掀起改革的大潮，並授權北京武術隊宿將、著名國際影星李連杰先生作為中國武術協會形象大使，武術、太極拳市場開發的唯一代表。

此舉無疑將會為發展武術太極拳運動、促進全民健身的開展、加速太極拳進入市場起到積極作用。

雖然當年吳彬老師常帶李連杰他們到北海、中山公園等觀看民間老拳師打拳，對太極拳耳濡目染，但他卻從未參加過太極拳比賽，中國武協聘李連杰為武術太極拳市場開發的唯一代表，大家為何異口同聲地叫好？因為武協要推廣的太極拳姓「公」，而非屬於哪個門派。

眾所周知，我國已脫離了小農經濟，這個是「我的」，那個是「他的」之類的思維模式在其他行業大都銷聲匿跡了，而在武術界卻仍有市場，這種觀念如不改變，武術要想騰飛，難矣。

當今，只有以「公」心推廣武術太極拳，才有可能大有作為。李連杰回歸武術，並在大會堂當眾親自為吳彬老師繫衣扣，令恩師非常欣慰。像吳老師這樣只知奉獻、不圖回報的人才會培養出李連杰這樣的武術精英。

徐才先生得知李連杰要為武術太極拳的開發盡力而深感高興。那天，我帶香港武聯會主席霍震寰的秘書趙婉兒到協和醫院探望先生時，我們談起了上個世紀80年代中期「李連杰（深圳）國際武術發展基金會」經歷的風風雨

雨，作爲親歷者之一的我心裡清楚，要不是徐老勇於承擔政治風險，不知在當時的形勢之下，最後會給基金會戴上什麼樣的帽子！歷史證明，只有像徐才先生這樣出於公心的管理者才會受到人們發自內心的尊重。

太極拳姓「公」，如果有更多熱愛武術、出於公心、勇於奉獻與擔當的人參與，它的未來將不可估量。

彩色圖解太極武術

定價220元

定價220元

定價220元

定價220元

定價350元

定價350元

定價350元

定價350元

定價350元

定價350元

定價350元

定價350元

定價350元

定價220元

定價220元

定價220元

定價350元

定價220元

定價350元

定價350元

定價220元

定價220元

定價220元

太極武術教學光碟

太極功夫扇
五十二式太極扇
演示：李德印 等
(2VCD)中國

夕陽美太極功夫扇
五十六式太極扇
演示：李德印 等
(2VCD)中國

陳氏太極拳及其技擊法
演示：馬虹(10VCD)中國
陳氏太極拳勁道釋秘
拆拳講勁
演示：馬虹(8DVD)中國
推手技巧及功力訓練
演示：馬虹(4VCD)中國

陳氏太極拳新架一路
演示：陳正雷(1DVD)中國
陳氏太極拳新架二路
演示：陳正雷(1DVD)中國
陳氏太極拳老架一路
演示：陳正雷(1DVD)中國
陳氏太極拳老架二路
演示：陳正雷(1DVD)中國
陳氏太極推手
演示：陳正雷(1DVD)中國
陳氏太極單刀・雙刀
演示：陳正雷(1DVD)中國

楊氏太極拳
演示：楊振鐸
(6VCD)中國

本公司還有其他武術光碟
歡迎來電詢問或至網站查詢
電話：02-28236031
網址：www.dah-jaan.com.tw

原版教學光碟

歡迎至本公司購買書籍

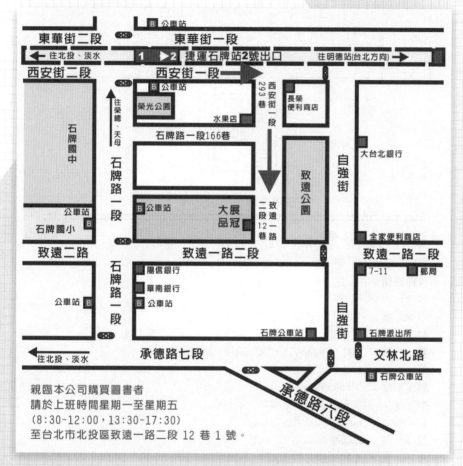

親臨本公司購買圖書者
請於上班時間星期一至星期五
(8:30~12:00，13:30~17:30)
至台北市北投區致遠一路二段 12 巷 1 號。

建議路線
1.搭乘捷運‧公車
　　淡水線石牌站下車，由石牌捷運站2號出口出站(出站後靠右邊)，沿著捷運高架往台北方向走(往明德站方向)，其街名為西安街，約走100公尺(勿超過紅綠燈)，由西安街一段293巷進來(巷口有一公車站牌，站名為自強街口)，本公司位於致遠公園對面。搭公車者請於石牌站(石牌派出所)下車，走進自強街，遇致遠路口左轉，右手邊第一條巷子即為本社位置。

2.自行開車或騎車
　　由承德路接石牌路，看到陽信銀行右轉，此條即為致遠一路二段，在遇到自強街(紅綠燈)前的巷子(致遠公園)左轉，即可看到本公司招牌。

國家圖書館出版品預行編目資料

東岳太極拳 ／ 門惠豐　闞桂香　著
——初版，——臺北市，大展，2013〔民 102.02〕
面；21公分 ——（武術特輯；142）
ISBN　978-957-468-928-6（平裝附數位影音光碟）

1. 太極拳
528.972　　　　　　　　　　　　　　101025645

東岳太極拳 附 DVD

著　　者／門惠豐　闞桂香
責任編輯／張建林
發 行 人／蔡森明
出 版 者／大展出版社有限公司
社　　址／台北市北投區（石牌）致遠一路2段12巷1號
電　　話／（02）28236031・28236033・28233123
傳　　眞／（02）28272069
郵政劃撥／01669551
網　　址／www.dah-jaan.com.tw
E - mail／service@dah-jaan.com.tw
登 記 證／局版臺業字第2171號
承 印 者／傳興印刷有限公司
裝　　訂／建鑫裝訂有限公司
排 版 者／弘益電腦排版有限公司
授 權 者／北京人民體育出版社
初版1刷／2013年（民102年）2月

定　價／450元

大展好書　好書大展
品嘗好書　冠群可期